局外人——著
蔡登山——編

戴笠與十三太保

戴笠

戴笠隨侍蔣介石

戴笠將軍讚軍隊
蔣介石題

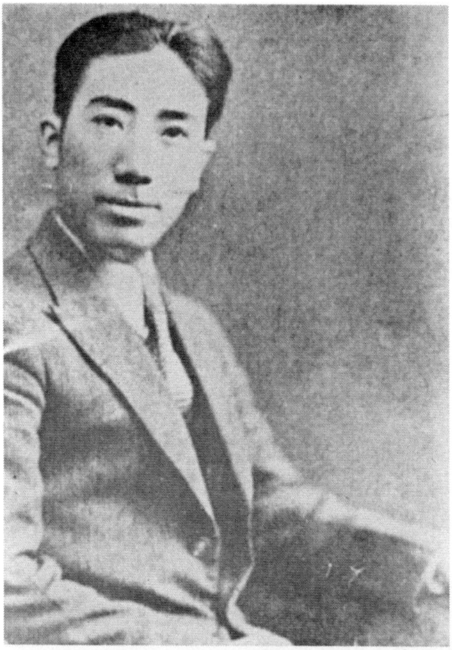

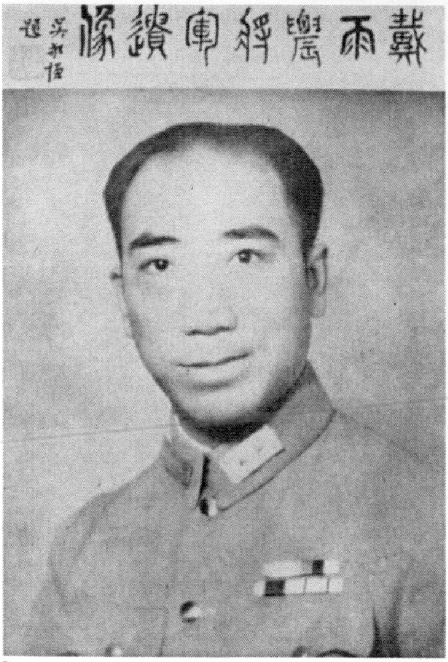

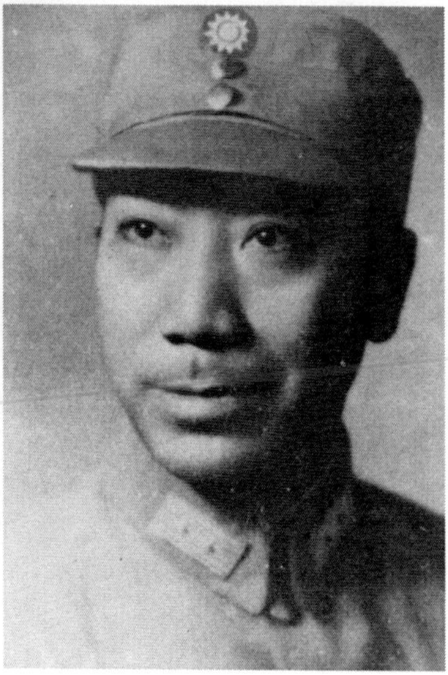

戴笠

戴笠庭園小憩

戴笠庭園小憩

右上：戴笠與美國戰略局局長鄧諾文將軍（右）
右下：戴笠與軍統局部分同志合影
左上：戴笠主持軍統局工作成立十週年紀念會

右上：戴笠與中美合作所副主任梅勒斯將軍
左上：戴笠與中美合作所參謀長貝樂利上校等合影
左下：戴笠接待中美合作所美方人員

十三太保

康澤

賀衷寒

曾擴情

劉健群

鄭介民

鄧文儀

滕杰

桂永清

梁幹喬

胡宗南

右上：民國三十六年鄧文儀隨侍蔣介石於
　　　廬山
右下：胡宗南於民國三十一年九月隨侍蔣
　　　介石於常寧宮
左上：民國四十二年鄧文儀任內政部次長

上：馬總司令黎副總司令惜別桂上將
下：桂永清親自指揮渤海戰役

右上：鄭介民（後）主持四十一年工作
　　　會報
左上：鄭介民視察五十八年特種科學技術
　　　研究發展成果展覽
左下：鄭介民迎蔣介石蒞臨卿雲會報會場

編輯前言

蔡登山

有關寫戴笠的書籍相當多，琳琅滿目，不勝枚舉，其中較有史料價值的有國防部情報局出版的《戴雨農先生全集》（上下冊，費雲文編，非賣品）；國史館編輯的《戴笠先生與抗戰史料彙編》，該套彙編包括軍統局隸屬機構、中美合作所的成立、軍情戰報、忠義救國軍等四大冊，也就是說有關戴笠個人的檔案基本上已經公開了。但對於這位中國「間諜王」，其實一直有太多的神秘色彩，充塞其間，至今還是相當吸引人們的目光。

曾寫過《洪業：清朝開國史》、《上海歹土》等書，被稱為美國漢學界「三傑」之一、並曾為柏克萊大學亞洲學哈斯基金教授，曾任美國社會科學院院長、柏克萊大學東亞研究所所長、美國歷史家學會會長的魏斐德（Frederic Wakeman Jr.）教授就寫過《間諜王：戴笠與中國特工》（魏斐德著，梁禾譯，江蘇人民出版社二〇〇七年十一月出版）。他參考了數百種間接或直接的資料，試圖以一種包羅萬象的方式來處理戴笠的個人史和國民黨的特工史，但這本書的裁減比較雜亂，因為要把這些龐雜而混合的資料理清還真不是件容易的事。

我偶然間在中央研究院翻閱香港老舊雜誌，發現局外人（筆名）寫有關於戴笠和十三太保之間的二十餘篇連載文章，於是將其蒐集編成一書，名為《戴笠與十三太保》。

一九三二年，蔣介石授意其心腹、黃埔畢業生賀衷寒、鄧文儀、康澤、桂永清等人成立特務組織「中華民族復興社」（仿照法西斯特務組織義大利黑衫黨、德國褐衫黨，又稱「藍衣社」），由蔣介石核定幹事十三人為該組織骨幹，被稱為「十三太保」。具體哪十三人，說法不一，有說賀衷寒、鄧文儀、康澤、桂永清、劉健群、潘佑強、鄭介民、葛武棨、梁幹喬、蕭贊育、滕傑、杜心如、胡宗南等十三人；也有說劉健群、賀衷寒、鄧文儀、康澤、桂永清、酆悌、鄭介民、曾擴情、梁幹喬、蕭贊育、滕傑、戴笠、胡宗南等十三人。

作者因身處其中故知之甚詳，道出其中多少內幕，此為一般局外人所無法得知者，從特工的訓練到藍衣社的組成，一直到整個軍統的所作所為，一一呈現，無疑地是研究特工最一手的資料，甚至是研究抗戰期間特工間諜戰，不可或缺的史料。諜海風雲，翻雨覆雲，政治兩字對他們而言，沒有中立，非友即敵！鬥智鬥力，情節緊湊！生死一瞬，間不容髮！

作者或因是當時身處在軍統中的幹員，礙於身分無法曝光，只得以「局外人」為筆名。所謂「局外人」，是有意讓讀者推想是「局中人」之意。這批文章在此之前甚少人見過並引用，單行本問世更是首次，因此彌足珍貴。其中有作者在行文間故意隱去其名，而以「××」，今仍依其舊。

目次

第一章

「軍統局」與十三太保

在國民黨執政的三十幾年中，「中統」和「軍統」這兩個組織，在中國近代政治史上各占有重要的一頁。當他們風雲際會、聲威煊赫時期，其一舉一動、一語一默，對於整個中國政潮的起伏、人事的遞嬗，直接、間接都有著不可分開的密切關係，雖則人人諱言，但確是不容抹煞的一項重要事實。只是，這兩個組織的內容為何？中心思想怎樣？核心人物是誰？以及對外活動範圍如何？乃至於後來隨著時政局的演變又怎樣？這一切都是對外不公開的機密。因此，這兩組織，便成為「謎」一般的東西，而國人對之，更具有一種不可思議的神祕感了。

一、欲圖富強須效法德、義

筆者不敏，以一局外人，面臨這值得大書特書課題，其中無論內容、人事，思想以及種種活動，在在都涉及國家的機密，以此遲徊瞻顧而未敢屬筆者久之。繼而思之，當年所謂「機密」者，今則事過境遷、時移勢易，一切已成為歷史上的陳跡，若基於當前反共立場，而以忠恕之道出之，則知人論世，談談自也不妨。筆者謹以戒慎的態度，先就「軍統」的來龍去脈、前因後果概要述之，其間有涉及國家重大機密或個人出處大節者，則於公、於私，宜詳、宜略，筆者自不能不有所權衡，因此，掛一漏萬，自更難免。讀者以之作茶餘酒後的野史趣聞談也可，若以之作中國近代政治的成敗得失論，則吾豈敢，幸讀者有以恕之！

所謂「軍統」，為「軍事委員會調查統計局」的簡稱，其前身則為「軍事委員會南昌行營調查統計科」。更溯而上之，則「復興社」為「調查科」的前身；而「藍衣社」又為「復興社」的前身。因此，要瞭解「軍統」，便必先瞭解「藍衣社」創立組織的原委。但任何一個政治性的產物，必有其時代背景與主觀客觀的環境，因此，要談「藍衣社」，更得要從當時國民黨的內在、外在情勢談起。當國民黨領導北伐尚未底定全國之際，不但黨外既有共產黨的包藏禍心、煽動搗亂，即在黨內，亦明爭暗鬥、交訌不已，終於先後鬥成了寧漢分裂、馮閻叛亂，以及唐生智的倒戈諸悲劇。同時在國際方面，鑑於德、義兩國在希特勒、墨索里尼二人的獨裁制度下，雖在第一次戰後，飽受著戰敗國的種種條約束縛，獨能脫穎崛興，於是，論者咸以為中國欲圖富強、輩固政局，非實行獨裁政制不可。這一理論，在當時政治圈中，自上而下，幾乎成為一個最時髦的論調。

二、「藍衣社」十三核心人物

這時蔣先生便派黃埔軍校同學如賀衷寒、潘佑強、酆悌諸人先後赴德、義、蘇俄考察或留學。他們一群對於德、義兩國的獨裁制度、軍國民教育（即國民軍事訓練）、勞動服務，等極為讚賞與興奮，回國後，便將這考察所得上了一個詳細報告，並極力主張效法、德、義以宗教式的狂熱情緒來擁護領袖，以國社黨的組織精神來改造國民黨，控制政治和軍事，因而深得蔣先生的嘉納與重視。自這時起，德、義的法西斯獨裁政制，便在中國政治圈中醞釀復醞釀，而政府的外交，也特別採取了傾向於德、義的路線，而表現得格外友好了。

不久，賀衷寒諸人又提出了一套理論，他們認為：一黨制優於多黨制，獨裁優於民主，而且舉出德義蘇俄的例子，認為多黨制的英、美、法漸漸落伍了，將來終歸要失敗。其結論是：「一個政黨，一個主義，一個領袖。」接著便根據這套理論，在獲得蔣先生的特許和人事的圈定下，而組成了一個類似德意志黑衫黨的「藍衣社」。自然，這「藍衣社」三字的命名，是脫胎於黑衫黨三字而蛻化出來的。其參加「藍衣社」創始的核心人物共十三人，即賀衷寒、鄧文儀、康澤、鄭介民、酆悌、曾擴情、蔣孝先、桂永清、蕭贊育、潘佑強、劉健群、戴笠、杜心如，亦即聲威煊赫、鼎鼎大名的「十三太保」是也。在這十三個太保中，原本是清一色的黃埔軍校同學，但唯一例外的是劉健群，他既非天子門生的黃埔同學，也不是出過洋、留過學的博士、碩士，他之所以能參加這個核心組織的創始人，除了有同鄉何應欽的援引外，主要原因，還是由於蔣先生平日對他的器重。此外，還有一點值得一提的，參加這一核心組織的黃埔同學，都是一、二期老大哥，唯有戴笠是軍校六期（這時黃埔已改為中央陸軍軍官學校），這便是第二個例外。

三、計劃家、訓練家、實行家

「藍衣社」組織的計劃方案，起草人便是賀衷寒，也有人說是鄧文儀的傑作。因為，那時鄧文儀正擔任軍委會委員長的機要侍從祕書，刻刻侍從蔣先生不離左右；他之所以為蔣先生置諸寵信侍從之列，據說便是由於他最歡喜搞計劃而起家。因此，在藍衣社十三太保中，賀衷寒被譽為「理論家」，鄧文儀被譽「計劃家」，康澤則為「訓練家」，至於戴笠則為「實行家」，但也有人詆毀他為「陰謀家」的。這些傳聞以及私人恩怨，我們且不必深論了。只是，在這十三個太保中，湖南籍的人，幾乎占全數的二分之一稍弱。除了浙江籍的蔣孝先、戴笠，四川籍的康澤、曾擴情，廣東的鄭介民，江西的桂永清，貴州的劉健群外，其餘便都屬於湖南籍，唯楚有才，由此更可以得一明證了。

「藍衣社」成立後不久，即開始祕密地向外發展，其初步的工作，首在散播種子，繁殖細胞，因此，所爭取對象，多屬黨、政、軍方面的青年。以一個新興的執政黨所組成的一個富有刺激性、神祕性的新鮮玩意兒，自然是風靡一時的視為升官發財的終南捷徑了。由於發展的進度太驟，分子不免複雜，隨即也就引起了黨內、黨外的責難，尤其當時權傾中外的楊永泰，更視之為眼中釘，蔣先生也感到他們鬧得太如火如荼了。這時，劉健群便上了一個報告：首先，陳述這項工作應該在極端機密下相機行事，不宜任意招搖；其次，更說明了「藍衣社」的名稱，對於法西斯的獨裁氣息過於濃厚了，這是引起外間責難的兩大原因，因此，他建議將「藍衣社」改為「力行社」。所謂「力行」者，力行總理遺教與領袖的命令和訓示也。是為「藍衣社」改稱的一個小插曲，這個小插曲，不但外間的人知道的很少，即後來的「復興社」中人知道的也並不多了。

「力行社」名稱的更易，只是一個極短時期，蔣先生覺得「力行」二字意義太狹淺，不夠深廣，不足以擔當未來興復中華民國的責任，於是更改為「復興社」。這是「復興社」命名的由來，也是第二次的改稱。同時，對於內部組織，也重新加以充實強化起來。雖然這一組織，是仿自德國的黑衫黨，但其制度卻又採取蘇俄的書記制。其人事的分派：鄭介民任書記，戴笠長組織，康澤長訓練，賀衷寒長政工，其餘諸人雖各另有職務，仍一律兼任幹事。其發展方式，以軍校同學為骨幹，分向黨、政、軍以及中等以上學校和社會各階層，吸收青年幹部，深深打入各方面，而各部隊的軍事幹部，尤為主要的爭取對象，俾使中央的、地方的任何部隊，都能效忠領袖。每月規定有若干次的祕密小組討論與會報，一方面交換工作意見，另一方面則彙集各部門資料。「復興社」從此一次強化後，對內對外工作，已漸漸走上了軌道。

四、軍統大權落到戴笠手

到了民國十九年的剿匪時期，蔣先生先成立湘、鄂、贛三省剿匪總司令部於武漢，旋以軍事進展，乃改為軍事委員會委員長南昌行營，由武漢移節南昌。這時由於匪方的軍事情報非常靈通而正確，為適應事實需要，乃決定成立調查統計科，隸屬於南昌行營，專負對匪方的軍事情報工作。鄧文儀以蔣先生的機要侍從祕書，近水樓臺，於是這調查科長一席很輕易地落在鄧文儀身上，由他兼任了。但鄧只是負計劃與推動工作，一時並無如許多的新幹部來擔任這新的行動工作。於是，便派康澤成立別動隊，負責行動工作；一面又設立中央軍校星子特別軍事訓練班（一稱廬山軍訓班），每期六個月，以速成的方式造就急用的新幹部，由康澤兼班主任，上官業佑任教育組組長。其學員來源，則由湘、鄂、贛三省地方團隊的下級幹部挑選調訓。前後計辦了四期，迨至中共實行二萬五千里的遠竄，軍事進展入川，特訓班遂告結束，這是後話不具論。

只是，中國從來在軍事的「用間」，雖然多有，但憑主將的天才運用，從無所謂「經訓寶典」的學說與理論，以資遵循。即《孫子兵法》中，也僅僅簡單地一提「用間」而已。鄧文儀以機要祕書而兼主持「用間」的負責人，少年得志，自不免意態飛揚。同時，他對於「用間」的特務工作，既無此項天才，更無衣鉢可承，儘管平日滿肚子計劃，頭頭是道，但那只是紙上談兵，不切於實際，等到一旦由「坐而言」而「起而行」，而且要行得通、行得有效時，自然他無法表現得有聲有色了。

到了民國二十一年，南昌行營調查科，擴充為「軍事委員會調查統計局」，所謂聲威赫赫的「軍統」，至此始告定名。而鄧氏雖為前身的負責主持人，但「軍統」大權終於移到戴笠手上去了。

戴在黃埔同學中，期別較低，資格太嫩，蔣先生為使他在工作上便於領導起見，特派賀耀組擔任局長，戴笠為副，而以鄭介民兼書記，替戴看家；其實，一切實際責任全由戴笠負起，賀耀組只是虛領名義而已。一直到國防部改組，「軍統局」改為「保密局」，賀耀組才脫卸這頂空帽子，由戴氏真除，而以鄭介民兼充副席（這時鄭氏為國防部第二廳廳長）。

五、元老派、實力派、少壯派

「軍統局」成立日期，為民國二十一年四月一日。以後每年這一天，無論在中央的或散佈在各地區的，必普遍舉行大集會一次，以為紀念，猶之黃埔軍校每年六月十六日為校慶紀念也。這在他們圈內人便稱之為「特工節」。但自南昌行營調查科成立，以至於改組為「軍統局」，「復興社」的名稱仍然存在，而且還繼續地吸收新人，只是不負實際的軍事情報與行動工作罷了。因此，他們的關係上，「軍統」是「復興社」的一個旁出的分枝。本質上，「復興社」遂成為一個政治性的組合，「軍統」則為名副其實的特務機關。而在他們的工作聯繫上，則由於「復興社」掌握有大量的散佈各地區各階層的區分小組，尤其是各地的中央軍校畢業生調查處，無形中成為「軍統」的外圍組織了。

戴笠接掌「軍統」後，除接受了大部分別動大隊的工作人員外，人事上的安排，感到異常缺乏，便一面以軍校同學和「復興社」的同志為骨幹，逐步分點展開工作；一面從速設立特訓班（這特訓班與廬山特訓班無論是素質、技術、學識水準與訓練時間，均有不同）：第一期設於湖南零陵，第二期遷蘭州，第三、四、五期復遷於息烽，第六、七、八期，更遷於福建建甌（又稱為東南特訓班），是即軍統圈內人簡稱的陵、蘭、息、東南班也。

「軍統」自特訓班的新人崛起後，其內部人事可分三大主流：第一為「元老派」，以軍校同學為主，其不屬於軍校而隨戴氏工作悠久，著有勞績者次之；如鄭修元以文書開始，逐級晉升為局本部第二處處長，抗戰時期，晉升為東南辦事處主任，負責東南方面有關各項工作。其次是「實力派」，即各地區富於地方實力的人員；如華北區區長馬漢三，因工作時間久，該地區所有工作人員，對馬都具有深厚的情感。馬於戴笠墮機殉難後，即因背叛組織，由毛人鳳親赴北平予以扣押，祕密加以槍決。再次為「少壯派」，即訓練班中各期學生，而以第一期的零陵班為老大哥。其後，元老派勢力日衰，實力派也加以漸次削弱，於是少壯派遂成為軍統內部的唯一主流了。

六、戴雨農果然表現卓越

戴氏主持「軍統」以來，其表現最得意傑作，即為日本偷襲珍珠港事件。當「珍珠港事變」前夕，我方曾以是項情報通知美國當局，促請其注意。美方於獲得通知後，認為日本絕不敢貿然冒險南進，毫不加以戒備；迨至事變發生後，再參閱我方通知中，所指出的日方出動的兵力、兵種以及時間等，皆一一應驗不爽。自是始受美方重視，並由聯邦調查局特派主管遠東情報事務的梅樂斯准將（旋升為少將），前來重慶，擔任聯絡及交換情報工作。梅氏抵達重慶後，第一件使他滿意的事，便是一星期內，要求我方將東南亞沿海的氣象紀錄，供給與他。這一限期，在那時的東南亞全部陷於日軍手中說來，確有其很大困難的；不想戴氏於受重託後，第四天即開始源源供給，使梅氏為之驚詫，而憬然瞭解於戴氏的情報觸角，不僅在中國內部，且已遍及於東南亞各地區了。於是，建議美政府成立「中美合作所」，除由美供給全部經費及一切物資、器械外，並派了一部的技術人員來華協助。

由於中、美合作期間，戴氏所表現得特別卓越，美方視為特出人物，迨至日本無條件投降，盟軍統帥麥克阿瑟曾有一極祕密的建議，將隸屬於太平洋地區的海上艦隊大部贈予我國，以為支持我方建立海軍之用，但附帶有兩項條件：第一，艦隊贈撥後，須由戴氏親自統率。第二，簽訂條約，須以戴氏為直接的對手方。這事經由多次祕密進行，已獲有初步協定。不久，戴氏墮機殞命，美方於獲此消息後，立由美大使司徒雷登氏發表一項聲明，謂：與戴氏協定的一項協約應即無效。這項協定，竟爾胎死腹中。當這項聲明發表時，一般局外人，都以為是中、美情報合作的問題，誰知乃有此一項大祕密也。

第二章 「復興社」與別動總隊

在「藍衣社」、「力行社」的短暫過程中，尚未正式展開吸收新的細胞工作，即使有的話，也只是限於軍事部隊以及黨、政機關中較高級的基本幹部。到了正式改組為「復興社」後，才開始向社會各階層如機關、部隊、學校、社團、工會等方面做廣泛而祕密的展開工作。那時正是剿匪時期，蔣先生先後駐節武漢與南昌，而「復興社」的核心人物「十三太保」，也都扈從在蔣先生左右，因此，在展開活動初期，湖北與江西，自然是近水樓臺，得風氣之先，成為「復興社」與「新生活運動」的策源地了。

一、「復興社」與「新生活運動」

「新生活運動」的發起，原是楊永泰所倡議的傑作，同時「復興社」又是楊永泰的眼中釘，何以併為一談呢？原來「復興社」的組織，是保持一種高度祕密的，不但對外不公開，即對於初步加入的新同志，也只是把他們劃為外圍，對於組織內幕以及中心意義，是諱莫如深的。然而，對於每個新的同志，表面上總該有個名義使他們知道，因此，在這初期外圍階段，乃以「新生活運動促進隊」名義代表之。經過了一個相當時期，等到上級完全瞭解了這新同志的思想、言行、政治意識、學識能力，以及社會關係，認為合格後，才核定為基本同志，同時也將賦予他一種「細胞的繁殖」任務，這時便由一個外圍組織分子，而成為「復興社」的正式基本幹部了。

「復興社」的成立，雖淵源於德意志的黑衫黨，但其組織制度，大部分則係採用蘇俄共黨的方式，除了最高層書記制外，其以下相互間橫的關係，完全採取隔離的方式，只有極少數的幾個共組的同志和指導組長外，其他便無法接觸與瞭解，即使碰破了鼻子，彼此間也無法知道是自己的同志。至放於縱的方面，亦復如此，只有最上級能夠全盤瞭解，而下級對於上級除了直屬系統者外，其他也就一無所知了。在縱的層級，大概可分為三級，其情形如下：

第一級：最高的核心組織↓第二級：中間的基本組織↓第三級：基層的外圍組織。

二、嚴格慎密爭取新同志

「復興社」的初期，對於新的同志雖已做廣泛地爭取，但在爭取過程中，是極端嚴格而慎密的。每一新同志加入，必先經過三番五次正面、反面的調查、考核種種手續。其詳細情形，據早期參加過的一位內幕朋友透露，其經過如下：

任何一個新分子加入，必先經過介紹人介紹於組織上；這種介紹是祕密進行的，被介紹人是被蒙在鼓裡、絲毫無所知的。而這介紹人必須對被介紹者的思想言行、政治意識、學識能力，以及家庭環境、社會關係等等，有著深切的瞭解認識，值得爭取的條件，否則絕不輕易填表向組織上介紹；原因是對被介紹要擔負完全責任，因此，介紹人不是知親好友，便是師長同學，否則，瞭解不深切，責任卻重大，誰也不肯討此「庸人自擾」的麻煩呢！

組織上接受了介紹表後，一面派人和你正面接觸，從各種談話中來瞭解你的一切；另一方面，又派人從側面來調查瞭解。這兩方面調查瞭解結果，如能和介紹表上所列舉的沒有重大出入，這時便會有人以各種各式的方法，來誘導爭取他加入；等到同意了，便交給一張志願書逐項詳細填寫；於是，組織上又再派人做詳密的調查考核，其考查的內容和上面所述的相同；再通過組織上的核准，最後便是宣誓了。宣誓的手續，是祕密進行的，同時還派有監誓人，而這監誓人卻並非以前所接觸過的，而係另一陌生人。其誓詞如下：

余謹以至誠，效忠黨國，擁護領袖，如有破壞組織行為，洩漏組織祕密及違反紀律時，願受最嚴厲之制裁，謹誓。

宣誓人×××

監誓人×××

三、小組會議的四項課題

這一切的手續完畢後，這位新人的志願書、誓詞以及若干次的談話紀錄、調查報告都送到組織上存案了，組織上便根據這許多資料，製成卡片，扼要填入，按姓名目錄編列號碼歸檔。如遇查考時，只須按號將卡片抽出，便可毫無遺漏地詳悉一切了。這些方法，是極其科學化的。從上面這些情形，當不難瞭解其嚴肅性與神祕性了。

此後便是將新加入者，劃分隸屬小組。每一小組總是三至五人，由一指導小組長負責指導、召集工作（每一小組長負責十個以上小組），每星期開小組會議一次。由於組織上對同志的要求，因此，每次小組會議的課題是：（一）研讀總理遺教、領袖言行以及其他書籍的心得；（二）時事分析；（三）檢討批評；（四）交換情報。所謂「交換情報」，是組員（此處姑稱組員）將所蒐集調查的情報遞上，或小組長有何新的情報任務交下——都是加封交遞，組員與組員間不得互相交換或口頭上詢問的。小組長於聽取各組員發言後，隨即綜合做出結論，並分別加以指示，而下一次會議的課題，以及集會的時間、地點，也在這時提示，屆時各人按照指定的地點分頭會合。由於小組會議是祕密而嚴肅地進行，因此，會議多在野外舉行，如無特殊事故，便非到不可。

上述小組會議的課題，有幾點值得特別一提的，即課題之（一）的讀書心得，與其（二）的時事分析，對於青年的政治意識，是頗能有所幫助而進步的；但時間一久，弄來弄去總是這一套，也就漸漸地由乏味而生厭了。課題之（四）的蒐集情報工作，這是每一組織中的成員，自精神以至於行動全體武裝化的方式，尤其共產黨最擅此道，所謂：「人人武裝，處處設防。」自然，這組織便特別堅強鞏固起來了。因此，要想打滲入他們的組織，確不是一件容易的事情。無疑地，當年「復興社」也是仿效這一辦法。然而，共產黨由此而興，國民黨卻因此而敗，在今日重做回憶與檢討，是值得深深思考的啊！但也有人說：「如果『復興社』的組織與精神，能繼續存在，始終不懈地進步下去，則中共在政治上的滲透，沒有如此之易，在軍事上的坐大，也沒有如此之速，也許中國當前的局勢乃至於歷史，要為之改寫。」然乎？否乎？讀者諸君當有一個正確的看法與估價。

四、西安變作，「復興社」解體

「復興社」的發起情形，既如上述，但發展壯大到什麼程度？在各階層中有多少同志？這個數字，恐怕除了其核心人物的「十三太保」，尤其是自始至終擔任這個組織書記的鄭介民外，其他的人是無法知道的。至於「復興社」的停止活動以至於解體，卻有一個極大的祕密：

當民國二十五年十二月十二日，張學良、楊虎城闖下了一次驚天動地的劫持統帥事件，那便是舉世周知的「西安事變」。後來，張學良雖然親自護送蔣先生安全回京，但在雙方若干祕密協定中，其中便有一項「復興社停止活動」的協議；蔣先生在再三考慮之下，終於忍痛地承諾了。他這項承諾，可說是一種灰心的表現：第一是，「十三太保」之一的蔣孝先在事變中殉難了。其次是，「十三太保」之一的曾擴情在事變中被俘，被俘之後，居然在被脅迫的環境下，爬上了廣播臺替張、楊高喊著：「停止內戰，容共抗日。」以一手培養多年，寄以腹心的親信門生，到了危疑震撼的時候，居然會背叛自己，這不能不使他心灰意冷，覺得「復興社」的組織，可恃而不可恃了。等到回抵南京以後，便下了一道手令，「復興社」就此停止活動。

「復興社」奉令停止活動後，最高層的核心組織，便無形中解體，對於吸收新同志更是不再有了；只是中間基本同志，為了意見的交換，以及各種聯繫，有時還有極小部分仍然繼續舉行小組會議，但已轉入地下做更祕密的消極活動，不似當年的如火如荼、有聲有色了。至於其他的聯絡通訊，以及情報資料，則就各地的「中央各軍事學校畢業生調查處」以為祕密的通訊站，情報資料，則由這通訊站轉遞「軍統局」辦理。到了抗戰中期，「軍統」日益壯大，有的基本同志轉入了「軍統」，有的也就消極冷淡下來，迨至抗戰勝利後，便無形中解體了。

五、別動總隊是分枝組織

此外在剿共時期，由「復興社」中爆出的一個分枝行動組織——別動總隊，是值得一提的。

凡是熟悉剿匪時期的政局的，必然都知道「別動總隊」。「別動總隊」的成立，完全基於配合剿共的軍事行動和政治設施的產物，其成立是與「軍事委員會委員長南昌行營調查科」為同一時期，總隊長由康兆民（澤）擔任，總隊部參謀長一人，為劉伯龍，貴州人。下設：指導、參謀、交通、軍法四組，另外設有一個「設計委員會」。其業務工作分配如下：

指導組：劉已達——主管總隊部以下各單位的政治工作，以及共區各縣市的民眾組織、訓練，暨地方團隊的政治工作。

參謀組：×××——主管軍事情報，執行封鎖。

交通組：×××——主管郵電傳送以及共區各縣有關匪情的通訊聯絡。

軍法組：劉××——主管訊辦有關共犯及屬於共區各縣的軍法案件。

設計委員會：多屬於資望較高的一種優待職銜，頗與顧問委員會性質相類似。

總隊部以下，設有五個大隊，其人事如次：

第一大隊大隊長——馬維驥，四川，後為遠征軍第一〇二師師長。

第二大隊大隊長——龔建勳，江西，大陸淪陷被害。

第三大隊大隊長——曾晴初，四川。

第四大隊大隊長——曹勗，湖北。

第五大隊大隊長——鄭挺鋒，廣東，為鄭介民的兄弟。

別動總隊部，初設於江西臨川，繼隨軍事推進，遷於南城，再遷於吉安，最後遷於四川重慶。同時康澤除負責別動總隊外，並兼辦有「星子特訓班」，康則經常往返於星子與臨川等處之間。他不但領導了數千精幹的中下級幹部，而且還一手訓練出近萬的學員，所有匪區縣份的縣長，可說是大部分是由康氏一人保薦的，可謂聲勢煊赫，紅極一時了。

六、封鎖工作共黨最頭痛

康澤所執行的工作，除了共軍情報尚能迅速確切，頗有助於我方軍事部署外，其中最能制共之命的，也是共區老百姓最感痛苦的，便是執行封鎖這項工作。所謂「封鎖」者，即封鎖日常生活必需品，如油、鹽、紗布、糖類、火水等等。凡可以資共者，皆在封鎖之列，尤其食鹽一項，封鎖得最為徹底。因此，共區中不但共方軍隊終月淡食，即當地民間亦然。任何人淡食一天半尚可，終月乃至數月的淡食，就無法忍受了。據共區的人說：人們淡食了二三個月後，在生理上不但遍體黃腫，而且手足軟弱無力，有如癱瘓了一般，簡直是不能行動與勞作。因此，在共方用盡方法利用奸愚商民走私販賣，仍無濟於事外，只好迫得挖掘古老的土牆去煎鹽；但所煎出來的雖有鹹味，卻並非鹽而是硝，共軍食後，中毒而死者不少，老百姓自然也不敢食了。江西民間俗祀有利必有弊，是無法兼顧的了。莫不皆曰：「『康王菩薩』來了！」大有談虎色變之概，可以想見當時共區淡食的苦況，而任何一項措施，「康王菩薩」，相傳係一福神，不知始自何時？但此時凡是談起別動隊者，

第三章 智多星賀衷寒

任何一個政治組織，必有一個為人所信奉的主義或理論，作為這組織的一切行動的指導綱領——靈魂。如國民黨之有三民主義，共產黨之有唯物主義。「復興社」雖只是國民黨中一個支派，沒有主義，但卻有一套理論，而這套理論，就是前面提到過的「十三太保」之一的理論家賀衷寒所倡：「一個政黨（國民黨），一個主義（三民主義），一個領袖（蔣中正）。」像這樣一個帶有法西斯色彩的理論，雖不足與「唯心」、「唯物」相提並論，然如以之來強化一個青年軍人混合的新興組織，自然是起過若干作用，瘋魔多少青年，使之熱血沸騰，軍魂凝鑄，成為共產黨的剋星。

筆者絕無意替法西斯主義做復活的宣傳，但當時情形確是如此。我們試一回溯民國二十五年「雙十二」的「西安事變」中，中共千方百計地通過張學良、楊虎城提出：「復興社停止活動」的要求，便不難想像到中共對於「復興社」感到如何地頭痛與棘手，必欲去之而後才得安枕了。同時這一狂潮激盪的結果，使到擁護領袖成為神聖化了，只要是三五人的小組會議，乃至於百千萬人的大會中，只要有人提到了「委員長」三字，便是全場一致地「啪噠」一聲來一個立正，做出肅然起敬、起畏的樣子來。

一、一文一武的兩員大將

這一套的始作俑者，便是由「復興社」開始，也不知道他們「十三太保」中哪一「保」所提倡的。雖然蔣先生並不願意他們如此，他們對「領袖」、「統帥」、「校長」表示如此狂熱的敬意，也同樣未可厚非，但這一創舉開端後，則流風所及，自中央黨、政、軍乃至於各地團體，也不能不對領袖同表敬意。然而，對「委員長」如此，對「總理」自然更該一視同仁了。於是，由中央通令全國凡屬總理紀念週等集會一律如此，以示敬意。這樣一來，可把大家害苦了：有時在大集會中，遇上哪位十分不通氣的人，話雖不會講，可是三句中便有一聲「委員長」，五句中又有一聲「國父」、「總理」，他在臺上說一句不打緊，而且還要首先做起表率來，臺下的人便不能不依樣葫蘆，也許一場話講完，臺下的人便要手不停、腳不住地來上三數十次。古人所謂：「令不苟出，例不苟興。」觀此，可以知為政之道矣。

且說賀衷寒與胡宗南當年在蔣先生大纛下，高踞在政治、軍事兩大行列的排頭，分領著黃埔同學齊頭並進，成為蔣先生門下一文一武的兩員大將。他們二人發跡之早、擢遷之速，在黃埔同學中找不到第三人。雖然曾擴情有過一個很短的時間，曾與賀衷寒並駕齊驅，但在「西安事變」中，竟至馬失前蹄，鑄成大錯。胡則始終領率軍隊。賀則一直搞軍隊政治，他自黃埔軍校一期畢業後，不久，便與張鎮（張與賀同期，數年前在臺灣逝世的憲兵司令）等一批同學奉派留學蘇俄，入莫斯科福朗嗣大學，凡三年；返國後，又派赴日本研究軍事政治者兩年；自此之後，他便一直負責軍隊黨務和政訓工作。雖然當時一般人譏誚軍隊中的政訓工作，稱之為「狗皮膏藥」，然而，賀氏始終不失為全國軍隊政訓工作的靈魂。

二、是智多星又是理論家

剿共至抗戰前的一段時期中，賀氏先後負責軍事委員會總政治部第二處處長（主管人事，總政治部主任為周佛海）、國民黨中央黨部軍隊黨務處處長、軍事委員會南昌行營政治訓練處處長等職。不但全國軍隊黨務和政訓工作的大權，幾乎全部掌握在他一人手中，而且全國軍隊裡的政工，也是由他手中培養出來的，不但成為蔣先生門下唯一炙手可熱的紅員，而且也是黃埔系的「智多星」。

賀氏領導全國軍隊黨務和政工，以及高踞「十三太保」中的第一把交椅，所憑藉的除了前面所述的「一個政黨、一個主義」的一套理論，此外便是他的著作《一得集》了。《一得集》寫成於負責政工時期，其中所記述的，多屬歷次與共黨鬥爭過程中，所得的實際鬥爭經驗。因此，這書的內容，是富於一種戰鬥性、鼓動性的。他利用那套理論和鬥爭經驗，來灌輸全國軍隊中的政工和「復興社」的青年幹部，同時他又利用青年人那股勇氣與熱情，建築「復興社」的精神堡壘，掃除軍隊中的泄沓之風，一時朝氣蓬勃，頗有一種復興景象，絕不似今日的人心痲木、士氣消沉。可知一個政權的新興與敗亡，必非偶然。而他之被譽為「復興社」的理論家，卻也名副其實了。

三、陳立夫的唯生論之謎

說到理論家，這時可謂一時之盛，雖非「百家爭鳴」，卻嚴「儒墨之辯」，在宣傳「唯物主義」的，有葉青和陶希聖諸人；在闡發三民主義的革命理論與革命鬥爭實際經驗的，有周佛海、陳立夫、賀衷寒。葉青（本名任卓宣）在上海辦有辛墾書店，專門搞馬克斯理論，成為左翼作家。陶希聖在北平，認為商業資本主義能單獨構成一個生產方式，因而提出中國社會是一個商業資本主義社會的理論，但先後遭遇了「前進」文化人以「曲解唯物和歪曲現實」一類譏評，攻擊得體無完膚。到抗戰開始，終於被迫收拾起了「唯物論」招牌了。

周佛海的《三民主義之理論的體系》，卻是一部道地的闡發三民主義革命理論的專著，此書出版後，在國民黨中風行了十餘年，直到他參加南京偽政府組織時才告終止。陳立夫的《唯生論》，殆本中山先生學說中的「人民的生活，社會的生存，宇宙的生命」一義而發。蓋人類鬥爭本質，就是為了生存，雖非全面闡發三民主義理論，但有助於「唯心論」的對抗「唯物論」，則亦不無相當功用。只是這書並未如何風行，尤其青年人閱讀的極少（因為青年讀者大部分為賀氏的《一得集》所攝引去了），而中年以上的人，已被「唯物」、「唯心」各種理論，鬧得眼花撩亂，已無餘暇來研究「唯生」了。但有人說這部《唯生論》的創作，並非出自陳氏的手筆，乃所謂兩面派哲學家向林冰所捉刀，事實是否如此，則非我們局外人所敢武斷認定的了。

四、敢罵人必能不怕人罵

賀衷寒，字君山，湖南岳陽新牆河畔楊家灣人，中等的身材，瘦而略扁的面型；說話帶有濃重的湖南口音，慢條斯理，但一激動起來，他那漲紅了的臉上便青筋直爆，可知他的迂緩，還是後天修養的功夫。從外型看，似乎精細有餘，而氣度不足；他的學識，在黃埔同學中，皆屬第一流；性剛介，喜自負，頗有湖南人那股倔強的性格。他的同學好友餘不足觀閣主在香港天文臺報《捫蝨談》中，曾有：「賀氏剛介自持，有時亦效劉四罵人，論者謂為一短，吾獨謂或其一長，蓋敢罵人，必能不怕人罵，即人找不到可罵之處也。於是賀君山又以敢罵人鳴於時，但自民國二十八年以後，歷練漸，似漸趨蘊藉境地矣。」可說是同學知己的確評。

賀氏自民國二十八年後，漸趨蘊藉一途，乃因個性上倔強好罵、政治上的明爭暗鬥，多次地遭到打擊，而且最後一次竟被踢出政工圈子以外，使他培養多年一手奠定的政工地盤，也只好讓與他的同期同學袁守謙、鄧文儀等先後遞接去了。

原來，在抗戰初期，陳辭修先生調長軍事委員會政治部，周恩來任副部長，康澤任第一廳，賀氏是第二廳，郭沫若長第三廳。那時，郭沫若已是中共尾巴，而他和康澤二人，對於中共是無法取得調協的，雖然在團結一致、共赴國難的口號下，但這政治上先天的恩怨，也無法彌縫。不過，周恩來素性狡獪，手段圓滑；郭則倚老賣老，且自命為抗日的鬥士。在雙方積不相能下，終於賀氏聯攏康澤合力拆去郭沫若的臺，使郭狼狽萬狀，結果，只好大做其白話詩來發洩。但賀、康二人也因此而遭到責難了。

五、調入社會部坐冷板凳

不久，張治中在長沙放了一把大火後，在越燒越發的怪現狀下，竟繼陳辭修氏接任政治部，陳氏則調任第六戰區司令長官，賀亦隨同調任第六戰區政治部主任，相處得水乳交融。直到民國二十九年，他回重慶和方伯雄（鼎英）的女公子結婚，於是又受到了政敵們的浸潤之譖，終於被調為社會部勞動局局長；以一個大紅大紫的要角，竟在抗戰緊張之際，做著冷衙門的閒官了。原因是：方伯雄在民國十七年，唐生智鄭州倒戈反蔣一役中，因受楊杰與王金鈺等的愚弄，遂被認為屬於「反蔣」的人物。其實，他們翁婿之間，除了保存著倫理上的戚誼外，從沒有涉及政治問題。雖然方氏已隨李濟琛參加了民革，而且於大陸淪陷後，任著湖南省人民政府委員——第四野戰軍顧問。

賀氏調長勞動局，其際遇是相當艱困而坎坷的，因為社會部一直是CC的禁臠，而勞工運動更是CC幹部陸京士、水祥雲等所一手主持，他以一個「復興社十三太保」的核心人物，自然要遭到排擠傾軋，而無法融洽的了。但他總是逆來順受，從不抱怨自己被冷落，這是他對蔣先生忠誠不貳的可貴處。

六、出任交通部足以自慰

他的資格雖只是黃埔一期，但當他做著中將處長的時候，陳辭修氏也還是同官階的中將師長，其後陳氏由師長而軍長，而司令長官，而參謀總長，他還是依然故我。黃埔同期同學中，有任司令長官的胡宗南、杜聿明，同期或後期同學中，有榮膺疆寄的范漢傑、王耀武、李良榮、梁華盛等，至於任兵團司令的更多如過江之鯽，而他除了國民黨中委、三民主義青年團中央團部常務幹事外，還只是中將而已。他已是花甲老翁了，但由於他做過「黃埔系」、「復興社」、「三民主義青年團」的核心人物，成為「黃」、「復」、「青」一條鞭的少壯派，因此，就有人調侃他為返老還童的老少年，意即謂由黃老而回復到青年也。

然而，在「復興社」十三太保中，雖有些風雲叱吒於一時，到今日有的死了，如戴雨農、鄭介民等；有的被俘了，如康澤；有的下落不明了，如曾擴情。而賀氏卻仍在臺灣偏安之局中，依然以當年「復興社」第一把交椅的資格，第一個榮任著交通部特任部長的寶座，這也足夠賀氏自豪自慰的了。

第四章

「計劃家」鄧文儀的升沉

鄧「文儀」這二字的命名，可說是最能名副其實，他的儀容文雅，面目清秀而好修飾，在復興社「十三太保」中，當以鄧氏為第一人。但若以才、學、識三者而論，則仍以他為最弱的一環。他以黃埔一期畢業的軍人，卻像個十足道地的文士；猶之那另一「太保」的劉健群，他以一個貨真價實的文人，卻別具一副粗豪的相格。如果他們二「保」站在一處，叫個陌生人來辨識一下誰的出身如何的話，無疑地必然會指著鄧氏說：「這位文質彬彬，大概是個教書先生！」對劉氏說：「這個腦圓圓、頸粗粗的大塊頭，定然是個丘八老爺啊！」他們二「保」一文一武，出身不同，而內在與外表的「清」「粗」，卻恰恰成一對比，上帝造人，亦可謂極盡顛倒之妙用了。然而，「文儀」二字的名副其實，則是毫無疑問的。

一、品秩不高聲勢卻顯赫

鄧文儀以擅於草擬計劃、撰寫長篇大論的文章，曾經獲得「計劃家」的美稱，但也遭到過別人的「王大娘的腳帶」的譏諷。儘管如此，但也因此受到蔣先生的特別賞識，他以一個上尉階級的連長，奉派赴蘇俄留學，入莫斯科大學，畢業歸國，竟一躍而為軍事委員會委員長辦公廳的機要祕書；因為位居清祕，地屬要津，再加上校長寵信的門生，隨時隨地扈從蔣先生巡行，品秩雖然不高，聲勢卻是顯赫。尤其是民國二十年左右，湘、鄂、贛三省剿共時期，正是蔣先生特別威重之際，軍令嚴肅，雷厲風行，無論中央、地方文武大員，每次晉謁蔣氏，無不屏息敬畏，小心翼翼。如果遇上前方軍事失利，蔣先生更是威怒莫測，晉見的人，自然更是誠惶誠恐，懷咫尺天威之感。因此，那時凡有事要面謁的人，必先悄悄地向鄧氏打聽一番：「委座今日情緒如何？是否和顏霽色？何時才是進見的最適當時機？」這一切的安排，在平時多屬侍從人員，排定時間引見。而這時正是軍事行動的緊張期間，謁見者動關軍政大計，為了爭取時間，大都是隨到隨見，在這樣情形下，越益需要先和鄧祕書打好交道，重託關照。鄧文儀手中既握著這樣的重權，誰能不賣他的帳，瞧他幾分顏色？他的大紅大紫，自然也就毫不足奇了。

二、搭棚工人無心惡作劇

記得在武漢和南昌行營的時代，鄧文儀經常挾著一個公事皮包，跑進跑出侍從於蔣先生前後，有時單獨坐著軍委會的專車風馳電掣地周旋於黨政要員之間，他那時還年輕，少年心性，得意可知。但有時卻也虧他挨受，因為蔣先生在壯年的性格，不脫軍人本色，當他發怒的時候，尤其對於自己的學生或晚輩，偶爾可能順手一來，責罰交加。當年胡靖安、王世和諸人，便是經常受責的人，鄧氏既充侍從，若遇上差錯，當亦不能例外。當民國十九年前「湘、鄂、贛三省剿匪總司令部」設於武漢（後改為南昌行營），暑假中，蔣先生為了策劃如何配合前方剿共軍事問題，特召集了一次黨政要員會議。時當初伏，溽暑蒸人，尤其武漢是有名的火爐盆地，蔣先生駐節之所的周圍，乃鳩工搭架張蓋篾棚以取蔭涼，棚為活動式，可以捲起，可以垂下也。當黨政被召人員先後抵達會議廳時，鄧氏以機要祕書首先出來招待，笑容可掬地與大家握手寒暄，大家亦紛紛趨奉，如眾星之捧月，此時的鄧文儀，少年騰達，周旋酬應，飄飄欲仙，其得意之狀，不難於想像中得之。乃寒暄甫畢，蔣先生已掀簾昂然而出，鄧氏忙發口令：「立正」致敬，蔣先生馬上點首為禮，肅眾坐下。會議開始，鄧氏任紀錄，坐於蔣先生右旁，其親切自然與眾不同了。

也不知那些棚架工人是否有意和鄧祕書過不去，還是鄧氏遇上那麼一個晦氣的日子？正當蔣先生起立訓話，剛說了三數句，那爬在廳外牆架上的工匠，卻天不管、地不顧，一味地「噹！噹！噹！」鎚鑿著牆壁，蔣先生話雖沒有停止，卻把臉兒一沉，大家見狀已為這事擔心，鄧文儀卻正聚精會神地埋頭記錄，對於蔣先生的表情，絲毫沒有察覺；最可惡的是那牆外的工人，卻依然「噹！噹！噹！」地敲著。這時，蔣先生不禁光火了，突然怒問道：「外面幹什麼？」鄧文儀馬上站起，但還不知為了何事，呆呆地立著。蔣先生用手向窗外一指，這時他才醒悟過來，知道是怎麼一回事了，馬上一個跑步，從後門穿出繞道至前面，吩咐侍從人員傳話工人暫行停止工作。由於輾轉傳話需要時間，等他上氣不接下氣返回座位剛欲提筆再記時，牆外的「叮噹」聲依然響著。終於，蔣先生勃然震怒了，一拍桌子，鄧文儀趕忙再站起來，還沒有立穩，卻被摔倒了。這時何成濬、劉文島、張難先、周佛海、張厲生、楊永泰、吳醒亞等數十人均在座，一時鴉鵲無聲；數分鐘後，蔣先生繼續講話，鄧文儀也自動地爬起回到座次繼續地記錄了。

三、派赴蘇聯充陸軍武官

還有一次，鄧在南昌行營，任調查科（軍統的前身）科長時，有位與他同期的同學（姑隱其名），自前線歸來，特別去探訪他。寒暄幾句後，鄧適因內急去洗手間。那位同學獨個兒坐在房裡，見那窗明几淨，圖書滿架，和自己的沙場喋血、入死出生相比，簡直天差地別，不禁羨慕不已，便隨手拉開他的抽斗一看，只見滿抽斗中參著十行紅格紙寫的計劃和文章，剛想拿起來看看，不想鄧氏已進房來。鄧氏一見有人窺破他的祕密，大驚失色，趕著搶上兩步，拚命將抽斗闔上。可是那位同學的手，正夾在抽斗中，便用力掙脫。他卻以為那同學還想奪他計劃看，更加死力地擠抵著。於是，一方拚命的掙，一方死力的抵，終於弄得那位同學的手，皮破血流，不歡而散，從此兩人再也不復過從了。

鄧氏出長南昌行營調查科，時間固然不久，一切又都屬草創，除了一些紙上談兵的空空洞洞的計劃外，並沒有任何成績。如果說他有表現的話，那唯一的只是刺殺「南昌臺基總司令」張太太一事，比較差強人意罷了。不久，調查科便改組擴充為「軍事委員會調查統計局」，所有他一手草創的特務組織，僅有的一點基礎，蔣先生已將之移交給戴雨農（笠）負責了。鄧氏此時心情的悵惘、空虛、自不待言。「平生悔作銜泥燕」，「為誰辛苦為誰忙」？不但如此，而且連他平日「侍從親信」的地位也被割掉，直把他有如充軍般地被派赴駐蘇俄大使館做陸軍武官去了。於是，一個紅得發紫的人，就此便載沉載浮著若干年，一度只出任中央軍校政治部主任。

直到抗戰轉入第五個年頭，這位「十三太保」中最文質彬彬的鄧文儀，才得追隨顧墨三（祝同）的旌旆，出任第三戰區政治部中將主任。這一職位，在他來說，並不能算是特殊尊榮，像他的同期同學而非「十三太保」的袁守謙，卻早於民國二十七年秋便做著第一戰區政治部主任了。其後復回軍委會任第一廳廳長，以至國防部新聞局長等職，疏隔了多年的中央關係，至此才漸漸恢復，而賀衷寒一手培養的政工領導地盤，此時又由蔣先生交給他接替了。

四、一篇勸告臺省黨員書

直至政府南遷，鄧也隨到臺灣，但由於大陸淪陷時期，各級政工人員沒有出來和投共的不少，於是，便有許多人指摘他說：「本來政訓工作，乃唯一『鑄軍魂』的工具，但政工人員本身就有很多的降敵分子，這如何去『鑄軍魂』？至於殺身成仁、捨生取義，自然更不必談了。」他到臺灣不久，便在各方攻訐下而卸職。但國民黨適做劃時代改組，成立改造委員會，當年CC掌握了多年的黨權，此時已完全操在另一些新人的手中，於是他又被安排著坐上了臺灣省黨部主任委員的寶座。國民黨中央黨部轄下的只有唯一的一個臺灣省黨部，黨務的基礎，就全靠臺灣省黨部來建立與擴充，這是何等重要的使命，如果不是深厚淵源，自然只有望洋興歎了。

鄧文儀於接任前後，適是舟山群島的不戰而撤，那時臺灣的民心士氣，漸漸由消沉而趨於動搖、悲觀，對於反攻的遙遙無期，臺峽安全是否能有保障，處處都顯露著失望。鄧氏身為臺灣全省黨務領導人，也不能不於此時，向中央效死力；於是，他以突然的姿態，發表了一篇勸告臺灣全省黨員「為領袖而生，為領袖效死，為黨國盡忠，為民族盡孝，人人動員，人人生產，齊一步驟，迎接戰鬥」的〈告全省黨員書〉，於士氣消沉之中，做有力的呼籲與打氣，使全臺的反共意志，起了新的作用，這便是鄧文儀登臺的第一炮。有人認為這是他對領袖效忠的衷忱表現，也有人認為這是鄧文儀的翻身戰略之另一筆，企圖捲土重來的伏線。然而，他這一「翻身戰略」並未獲得效果，他於交卸臺灣省黨部主委後，並沒有如他的同鄉同期同學賀衷寒那樣，坐一坐部長的席位；繼任賀遺缺的，卻乃非「十三太保」的袁守謙，而他終於只擔任著內政部的政務次長而已。

第五章

桂永清之死與其為人

桂永清雖是黃埔一期出身，但在當年復興社的「十三太保」中其聲名、地位，遠遜於康澤和戴笠，即與賀衷寒、劉健群等相較，亦相形見絀。原因是：他有一個質樸無華的個性，中駟之才的天資。他不肯標新立異、矯揉造作，真誠坦率，和易可親。他以「率真」二字名其號，這倒是名副其實的。他既沒有賀衷寒、劉健群那麼多的理論，也沒有鄧文儀那麼多的計劃，更沒有康澤、戴笠手上握有一股力量。因此，當賀衷寒諸人頭角崢嶸、青雲直上之時，他還是一個沒沒無聞的團旅長。同學少年多不賤，但他依然在晦塞中，不能和賀氏諸人並轡聯鑣的顯達。然而，人事無常，菀枯有數，當年聲名最晦，碌碌無所短長的人，又誰知在這十年、二十年滄桑代謝中，居然乘風破浪地由總領海軍而洊至三軍司令的參謀總長，成為復興社「十三太保」中唯一的王牌呢！

一、臺北來人談桂氏死因

桂率真這個人，忠誠有餘，才識不足，但對於義利之辨，卻有其相當修養，而能毫不含糊地拿出「江西老俵」那副不苟全的風格，從平凡中顯出極不平凡來。這一點，很少有人瞭解他。在他平生師友、昆弟、夫婦之間，唯一能瞭解他這性格的，只有蔣先生一人；而且他的死，卻與這有著極重要的關係。這其間的恩怨因果，說來還是一個極重大的祕聞哩！記得民國四十三年七月初間，桂氏由總統府的參軍長，調升為參謀總長，當他升座虎帳，發號施令僅僅才得一個半月的時間，便以血壓過高，積勞致疾逝世聞。其實這個消息，只是一種不得已的對外掩飾之詞。他的真正死因是「自戕」，而且是由他的夫人何女士所牽累而致此。據他一位同鄉同學某君從臺北來告訴我，當時情形是這樣的：

「桂永清夫人何××女士（適忘其名），是安徽大家閨秀出身，自與桂氏結褵以來伉儷甚篤。但何女士妻憑夫貴，在桂氏官星高照、扶搖直上之際，自然會受到少數鑽門路、走內線者的阿諛奉承，進而被人利用而不自覺。據說，在桂永清任參軍長任內，曾經有某項極重要的工程，被揭發包庇受賄案，而桂夫人竟亦無辜受累，被牽涉其中。更何況政海中，便是聖人也不免有著多多少少的恩怨。於是，桂總長夫人涉嫌包庇案件的『黑幕』，終於被人不分皂白地檢控到蔣先生處了。

二、「我會對得總統起！」

「一經東窗事發，蔣先生不禁赫然震怒，馬上找著桂總長到陽明山莊當面詰責，問他何以縱任妻子做這違犯法紀的事？蔣先生一面怒斥，一面將檢控文件擲給桂永清看，叫他自己申訴。桂氏此時恍如晴天霹靂，事前既毫不知情，此時更是內疚神明，愧恨交集，只是約略閱過，便毅然決然回答蔣先生道：『永清齊家不嚴，致鬧出此等無以對總統、無以對黨國的事來，我也無法申訴，……總之，我會對得總統起。……』說畢，敬了一個禮，掉轉身來走了。桂永清一出陽明山莊，跳上了吉普車，一路匆匆地馳回寓所，一進臥室，隨手向壁間取下自衛的手槍，對準自己太陽穴射去，砰然一聲，於是，這位平昔砥礪廉隅的桂永清，竟如此地殉義自戕了。

「當桂永清對蔣先生說出那段自怨自艾的話時，蔣先生正在盛怒之下，也沒有理睬他，等到他匆匆地去了，蔣先生回味著桂氏最後一句話：『我會對得總統起！』深恐桂身愧恨之餘，禁不住將那獨特的個性橫決起來，自尋短見，馬上叫侍衛副官乘車追趕桂氏回來。可是，時已不及，等到侍衛副官一直追到桂公館，桂永清已倒身血泊中返魂無術了。」

桂氏在這人慾橫流中，能夠這樣鐵錚錚地死，自然可以風末世、厲薄俗。但他以三軍司令的身分，不死於沙場，而死於一朝之憤，未免太可悲了。

三、曹半仙推命不幸言中

我的一位朋友曹半仙，精於命理，言多奇中，因此人皆率呼「半仙」而不名。曹在這年（甲午年）正月間，曾為桂氏推算歲運，當即鄭重勸告桂氏，趕速辭職，閉戶讀書，莫與外事，否則將有不測之禍。我後來也推究了一下，益信曹半仙的說法果不謬。桂氏的八字如次：

庚子、戊寅、庚申、丙戌

庚金絕於寅，生在雨水前三日，又值寅中丙火用事，寅申相沖，日元的祿已受著損害，時上的殺又復通根緊緊剋制，日元庚金實有難以自存之勢。若以化殺，則戊乃燥土，能脆金不能生金，年支子水，得庚金之生，則唯有以傷官制殺為用。因此運行天干金水之地，總領師干，榮膺上將，迨至五十五歲未運中甲午年，天干甲木生火，歲運午未化火，而流年之午，又與月時二支會成寅午戌火局，殺旺攻身，子水因受未土所制，無力回剋，終致烈火焚身了。

上面這段推論，雖然跡近迷信，但亦不無理由，因此錄出以供讀者談助。

四、一枝新式鳥槍的故事

桂永清的人緣，在「十三太保」中是比較圓通的一個，他待人接物，誠懇真摯而坦率，他只是一個篤實厚重的本色人，若以身形相貌觀之，絕不像會遭不測之禍的。但他畢生中卻經過了四次大風險，而最後一次終於「自戕」了。他第一次風險，是在民國十四年冬，二次東征陳炯明之役。那時，蔣先生任東征軍總指揮，何應欽以教導第一團團長兼第一縱隊，他於黃埔畢業後，即派在何的教導團任連長。那時，國民革命軍組成不久，正是嚴明軍紀、立法立威之際。當攻克惠州城時，桂氏奉令搜索城內殘敵，在陳炯明行館中他拾獲一枝新式鳥槍，不覺愛不忍釋，正在把玩的當兒，適值蔣先生亦巡視前來，蔣先生以為任意撿取敵人或民間遺留下來的財物，實干重大法紀，當場把他扣留起來，綁赴城外槍斃。執行的槍兵押著桂走到城門口，剛剛碰上何應欽。何氏一見大驚，正當用兵之際，人才難得，訓練一個軍事幹部更不容易，最後由何氏力保，才算救了一命。此後，桂氏感恩圖報，便成為何應欽的忠實幹部了。

五、海外歸來出任總隊長

北伐成功後，繼之便是剿共之役，桂氏隨著軍事的擴展已出任旅長（這時胡宗南已任師長），他在某次戰役中，陳誠認為他作戰不力，予以扣押查辦起來，結果又是何應欽力予保全始免於罪。何氏對桂永清的培植維護，可謂無微不至，這其間除了黃埔的師生關係外，還有鄉誼、契誼的雙重淵源。原來，桂是江西貴谿人（即龍虎山張天師所在地），何雖入籍貴州，但他的祖籍卻是與貴谿毗連的鄰縣金谿，相去不過數十里而已。此外，桂永清的夫人何女士，因為與何同姓，同時又因夫婿的關係，便拜在何氏夫婦膝下為義女，由於上面這重重的關係，自然與眾不同了。

桂於脫離旅長職後，不久，便奉派去德國留學；歸國後，正值中央計劃簡練精銳，成立教導總隊，桂氏以德國留學生，又有何應欽的提挈，便輕易地出任教導總隊長了。那時的教導總隊（駐南京），頗近於專制時代的「御林軍」或「禁衛軍」，無論武器等一切裝備，都是最精、最新的，就是隊員（士兵）的素質水準，也提得特別高，起碼要受過初級中學教育的才合格，其他可想而知了。桂永清自這時起，才漸漸紅起來，開始為人所注目。可惜到了「八一三」淞滬戰起，教導總隊全部拉上前線與日軍作戰，由於教導總隊全是一種侍衛式的輕裝備，根本不能與挾有重武器的日軍作陣地戰，結果，不到兩個回合，便全部燴潰了。

六、桂永清與陳辭修之間

這時中央為了儲備幹部，收容各地的青年學生，做長期抗戰打算，計劃成立「戰地工作幹部訓練團」（簡稱為「戰幹團」），即由桂氏於武漢負責籌備；不久，即正式成立了七個團，而第一個團規模最大，團員達一萬六千餘人，包括大專及中學生，甚至還有留學生；團長便由蔣先生兼任，陳誠則以軍委會政治部部長兼第一團副團長，桂則擔任教育長。於是，寃家路窄地竟與陳誠共起事來（因陳氏曾經將他扣押查辦過），而且還發生著隸屬關係。桂以前車之鑑，深感不易相處，堅不肯就。倒是陳誠單刀直入地兩人面對面地懇談了一次，自此之後他與陳誠便「化敵為友」重歸於好了。戰幹團結束後，桂乃調任四十六師師長，旋即升二十七軍軍長，到隊不及半月，即奉調增援河南蘭封前線，在日軍猛攻之下，部隊還未進入陣地，便全部垮了。蔣先生得訊後，立即電第一戰區司令長官程潛以貽誤戎機，就地正法。這一次的風險，倒是得力於陳誠的力保，才挽救了最後的命運，於是，桂永清「常敗將軍」之名，遂傳遍了遠近。其實，桂氏帶兵雖僅中駟之才，但這兩次的潰敗，一由於輕裝部隊不能做陣地戰，一由於新兵新將，事起倉卒，即使是天才將略家，恐亦難逃失敗的命運。

七、駐英期間潛心於海軍

桂氏經過一連幾次的蹉跌後，再也不敢帶兵，同時蔣先生也感到領兵非桂氏之長，乃派他擔任我國駐英大使館武官，隨之又兼任著駐英軍事代表團團長。

這時正是英國封鎖滇緬路之後不久，中、英外交關係，極端微妙而黯淡，無論大使館和軍事代表團，處境都相當艱困。這段時期，桂氏與英國軍事當局聯繫得相當友好，尤其對於中國海軍留英官兵，大部分是他與英國海軍部門合作主持的，而且訓練得極有成績，從此時起，他便埋頭注意研究英國海軍與未來中國新海軍的新計劃與新訓練了。抗戰勝利，他之得以出任海軍副總司令（陳誠以參謀總長兼攝海軍總司令），便是始基於此。事實上，陳誠是虛領名義，一切建設海軍新計劃、訓練新人才，完全由桂氏一手擘劃處理；經過一段時期，便由桂氏升任真除了

這時候，桂與陳誠之間，已非尋常普通關係。陳氏組有一個「干城社」，是以陸軍大學十一期同學為基幹，猶如「復興社」以黃埔初期同學為基幹一樣，桂氏便是「干城社」的中堅，其次，便是方天、周至柔諸人。不過，「干城社」係以研究軍事學術為主，有時也嘗討論別的問

題，但已不是「復興社」那麼一種嚴密的政治組織，充滿著政治意識的。「干城社」最盛時期，是抗戰還都前後，那時他們每屆星期五的晚上必有一次集會，他們對外只說是：「練太極拳。」實際上就是這個座談會。至於此中深入的內幕情形，恕筆者非局中人，無法詳細地奉告了。

第六章

劉健群怎樣被擠出立法院

前面已提過，在復興社「十三太保」中，曾有一位唯一非黃埔出身的人物，那便是劉健群。如果在不認識他的人，看他那副模樣兒——大大的塊頭，圓圓的禿頭，粗粗的頸項，準會說他是十足道地的老粗，最低限度該是一個武人。然而，果真如此以貌取人的話，也準會使你詫異地看走了眼，而失之子羽了。他是一個南人北相的貴州人，與何應欽將軍同屬興義縣的小同鄉，其風度氣概，頗有點和楊耿光（杰）相彷彿。他當年在復興社中，固然也算是一位出類拔萃的風雲人物，但比起賀衷寒、曾擴情來，不過伯仲之間而已。誰知時勢的滄桑，仕途的演變，竟使他高據著國民政府中第三把交椅——立法院院長的寶座。

一、童冠賢下臺，劉氏競選

在行憲後的國民政府組織法中，立法院長對總統是平行的，因此，他對蔣先生在職位上可以分庭抗禮不必稱「職」，而在行文的程序上，也可平行互相用「咨」了。其地位洊躋之高，在黃埔系健將中，無論文武兩途，文的如賀衷寒、袁守謙，武的如桂永清，或榮膺特任，或總綰兵符，但比起劉健群「選任」院長的位望來，自然是望塵莫及了。

劉健群之膺選立法院長，主要原因，還是基於「復興社」這一段深厚的關係。他在民國三十六年行憲大選中，以國民黨中央執行委員的資格，當選為第一屆立法委員，迨首任立法院長孫科、副院長吳鐵城相繼入閣，童冠賢繼孫科之後，被選為立法院院長，而他也繼吳鐵城之後，被選為副院長。但童冠賢在立法院中，沒有基本力量，只是一個光桿，登臺未久，經不起「CC系」的潘朝英和劉文島諸人的亂炮幾轟，終於被迫辭職下臺，劉建群即以副院長的資格，代行院長事。到了民國三十九年第六屆會期中，院長問題，勢在必須重選，劉便以副院長兼代行院長事的先天條件，積極活動參加競選，終於水到渠成而當選了。

二、擊敗谷正鼎躍登寶座

劉氏正式當選為立法院長，一方面固然由於他在代理院長期中，和立委們之間的感情還不惡，有著「近水樓臺先得月」的好條件；一方面還是基於「黃埔系」與「青年團」合流的這一派的立委們加予支持，而其所以能獲得這一派立委們的支持，則繫於他與「黃埔」、「復興社」、「青年團」的關係，而且曾是其中的核心人物（劉雖非黃埔，但在黃埔服務甚久，其一生事業也就始終沒有離開黃埔關係）。當他正式展開競選活動之初，曾經請示過蔣先生，並要求中央予以提名。蔣先生「好！好！」連聲地點了頭。他獲得這一有力的支持和保證後，於是便展開對立委們的拉票活動，和ＣＣ的大將谷正鼎正式做拉票的爭奪戰了。但在立委群中，各人有各人的政治背景與政治環境，對於選票，誰也無法不聽團體上的意見，那時立委們就有著四個集團：（一）是ＣＣ系的「革新俱樂部」；（二）是黃埔系與青年團混合的「新政俱樂部」；（三）是以政學系為主的「民主自由社」；（四）是無黨派或無所屬的「一四座談會」。其中實力最強大的，要算「革新」與「新政」，兩者之間，不相上下。劉雖握有「新政」的全部票數，但ＣＣ系「革新」立委們，為了要支持谷正鼎出選，成為一股巨大的反對力量，恰恰將他抵銷了。這使他不得不循著童冠賢所採取的老路，而請出了陳誠和張群來幫忙，以「新政」為主力，聯合「民自」和「一四」兩部分票，終於將谷正鼎擊敗，奪得了國民黨第三把交椅的寶座。

三、提出辭職內裡有文章

然而好景不常，他正式登上立法院長的寶座，還不到一年，卻以「健康不佳」，而提出辭職了。後來筆者在臺北，曾遇著一位立委朋友追述劉健群氏當時辭職的裡因，所謂「健康不佳」也者，只是對外的一套官樣文章，其實在的內幕情形，據說是如此的：

也許有很多人會莫名其妙地，以劉院長軀體魁梧、壯而且健的人，為什麼竟突然地會因「健康不佳」而辭職？若說是「人不和、政不通」嗎？像劉氏那般圓融周到的手腕，而又跨著堅如磐石的「黃埔系」、「青年團」兩塊墊足石上，何至於在人事上、職務上行不通呢？原來這些都是外間的推測，實際上他是以「浪費公款」，被調查有據，因而被迫辭職的。原來，劉氏自正式當選以後，已把這立法院長當著「選任」的大官了。那時的立法院長除享有公務員中最高的俸給外，按照規定每月還可領用臺幣一萬三千元的特機費，這在當時臺灣的生活水準和幣值說起來，雖然不算是巨額，卻也不是少數了。但由於劉氏夫婦平日用錢，有著大刀闊斧的作風，不僅私人生活豪華，即對於部屬的濟助，也是毫無吝色的，其入不敷出，自然毫不足奇了。其次，劉自登上院長寶座後，漸漸也不免有些驕矜起來，儼然將那批「民選」委員們當作他的部屬看待。再次，他對一般較清苦的委員們平時借支，加以限額，甚至分出等級來。由於這些問題的積怨，一經有人加以煽動，便隨時可以爆發出問題來。

四、兩條途徑任劉氏選擇

有人這麼說：當CC系的領導人物陳果夫逝世後，CC系的人，頓有群龍無首之感，不得不設法將陳立夫迎回臺灣來領導，而陳立夫回臺不能賦閒，在當時形勢未改變前，蔣先生未必能予以適當的安排，最理想的莫過於出任立法院長，因為陳氏還是現任的立法委員。這些傳說無論是否事實，但劉之不自檢點，而給人以可乘之機，也就無怪別人要乘機出擊了。

當民國四十年九月一次的院會席上，一位姓吳名延環的立法委員，竟充當廖化做起先鋒來，提出檢討院長劉健群浪費公款的建議案，並依據規定要求劉氏迴避。劉為了法律與體面，不得不退席，而由副院長黃國書主席。吳的提案終於成立了，並決定組織「調查委員會」調查究竟，在選出十五名調查委員中，「新政」這一系統的人，竟占了半數，這可想見劉的手腕為如何。同時，他自己又不惜以院長之尊到處奔走請託，對內求情，對外乞援。誰知到頭來，依然是無補於事。經過了三星期的調查稽核，發現了若干大小問題，其中最主要的，有如下的幾點：（一）劉氏平時限制委員們借支，而他自己卻先後挪過兩次巨款，一次四萬元，一次又七萬元（均是臺幣），雖經償還，但此巨款挪做何用？（二）立院遷臺後，僅有立委五百餘人，何以仍按七百餘人具領經費？（三）院長月支特機費一萬三千元，薪給辦公費尚在外，照理足可夠用，何以在節餘項下呈准當局追加二十四萬元之特機費？做何用途？此外，開支不當的事實亦還不少。劉雖極盡奔走的能事，但在反對方面則暗示解決本案的途徑有二：其一，劉如果知機，能自動辭職，同人等當不再追究；其二，要不然，只有依法由十分之一的委員連署，召開大會，實行罷免了。

五、由飛黃騰達到栽觔斗

由於上述兩項解決途徑的咄咄逼人，使到這位平日「多才自負」的劉健群，不得不忍痛犧牲「院長寶座」，而以「健康不佳」自動辭職了。後來，立法院長寶座，雖然陳立夫未遺大投艱前，來就位，卻仍由ＣＣ系的大將張道藩繼任了。其實，在以往國民政府中，像劉氏所浪費的區區公款的，也不知有多少，甚至大幾十百倍的，都不曾發生問題，但劉氏畢竟因此而栽了觔斗。這是臺灣的進步？還是劉氏的退步？抑或是人事的傾軋？這只有身當其境的劉氏，才能答覆這一疑問。

劉氏之飛黃騰達見重於蔣先生，始於建議將「藍衣社」改為「力行社」，在改「力行社」一段短短時期中，書記一職，即由劉擔任，後來復調任北平軍分會的政訓處處長、軍事委員會的政訓處處長，很快地洊躋到中央委員。抗戰初期，任軍事委員會第六部副部長，不久，又奉派為軍委會政治部第三廳副廳長（那時第三廳廳長，即投靠中共的郭沫若）。迨至民國二十八年，三民主義青年團成立後，蔣先生又派他以三民主義青年團中央團部的常務幹事兼書記，負責綜持中央團務，等於當時國民黨中央黨部的祕書長，其地位之重要，直和國民黨的元老派並駕齊驅了。那時，蔣經國還只是江西省支團部幹事長、江西省（贛縣）第四行政區督察專員，一個是中央要員，一個是外省的中級官，論地位簡直不可同日而語。而今呢？卻早已時移勢易了。

劉在「復興社十三太保」中，除了不是黃埔出身外，還有一點特色：「十三太保」多是黃埔前期同學，因此，蔣先生對他們愛護特厚，信任獨專，用著種種方法去培養他們，只要一有機會便派他們出國留學或考察，以提高他們的事業基礎，唯有劉氏始終未喝過洋墨水、鍍過金（好像戴笠也是如此），他只在那間古老的貴州法政專門學堂畢業。想不到這麼個老大帝國學校出身的人物，居然成為搞青年組織的行家，人之才與不才，又豈是學校教育所能曲限的呢！

第七章

由襄陽失陷說到康澤被俘

大陸淪陷，國軍中所有被俘的將領，如宋希濂、范漢傑、杜聿明、鄭洞國、康澤、王耀武諸人，其自始至終能鐵錚錚地堅貞不屈、表現出黃埔精神和鑄軍魂的，當以杜聿明、康澤二人最為難能。除了杜聿明在中共集中營裡，所表現的不屈服、不悔過、反抗到底的情形，至於康澤在集中營的情形，雖然我們還沒有看到關於他的正面或反面的報導，但就筆者根據兩項事實來推測，可以斷定康之反抗不屈的精神，或較杜氏尤為頑強與堅忍。

一、毛澤東獨不赦康澤

事實之一是：中共為了便利統戰工作，故意表示寬大政策，曾先後頒佈二次以上的大赦令，如上述的杜聿明、王耀武諸人，均獲得「毛主席」的寬大政策的寬待，被列名於大赦令後，唯有康澤這個頑固反動分子，是無資格享受「毛主席」的寬待恩典。後來，張治中和劉斐這兩位降將軍，覺得有點不過意，還聯袂親向毛澤東替康澤陳情請命，認為杜聿明既蒙「主席」特赦，康澤似乎也可同邀寬待恩典？張、劉二人這一舉動，雖然沒有遭到毛澤東的斥責，卻也碰了一個頗為不大不小的釘子。毛的答覆是：康澤在國民黨反動派中，一向做著殘殺革命同志、與人民為敵的特務頭子工作，組織上在大赦中不省釋他，是對他一種安全照顧，否則的話，人民和烈屬必將向他清算血債，那時他的安全便成問題了。

這段「安全照顧」的答話，明眼人一望而知這是毛澤東貓哭老鼠的假仁假義的一套奸雄手法。康之不被中共大赦，自然是由於他不肯如王耀武之流，做出那些降志辱身、歌功頌德的無恥勾當，因此，中共認定他，始終是一個與「人民為敵」的反動分子了。

事實之二是：當民國三十八年冬，筆者潛蹤上海冒牌經商，尚未來港時，曾見到一本《解放畫報》，畫報上除印有中共在歷次戰役中擄獲國軍的輕重武器陳列的畫片外，上述各將領被俘後的照片，也分別影印在畫刊上，而且每個照片下面，都有一段簡歷的說明。在一二十幀照片中，特別使我怵目的便是康澤的照片，因為他照片的頭部已用一大塊白布包紮著，純是一個傷兵的打扮，初看去幾乎難以認識。再一細閱下面的說明，上面大意寫著：「康澤，四川人，蔣×幫黃埔四期生，多年主持與人民為敵的別動總隊的特務工作，和反動的三青團組訓工作，最後任蔣×幫第十七綏靖區（襄陽）司令，終於在人民解放軍英勇作戰下，勝利地在襄陽將他俘擄了。他在被俘的時候，還不肯向人民低頭認罪，企圖自殺，他的頭部用白布包著，便是由軍醫院替他裹的自殺的創傷。」由此我才知道他在城破被俘時，曾企圖自戕而未能如願。

二、生而辱，不若死而榮

從上述兩項事實來看，可以知道他在被俘之際和被俘以後的一些奮烈慘毒的困境。他以一個黃埔軍人，和「復興社」的核心——「十三太保」之一，主持過多年的剿共軍事、政治情報工作，和中共有著數不清的血債，他深深憬悟到，一旦做了俘虜，義既無可苟全，勢亦難以倖免，他在這「生」與「死」、「榮」與「辱」的最後關頭，不能不做「勇」與「怯」、「苦」與「樂」的最後抉擇了。終於，他選擇了「生而辱」不若「死而榮」的勇敢一途，毅然以殉道的精神，來保留「不做降將」的傳統。可是，在中共的魔掌控制下，生之自由，固不易求，死之自由，又談何容易呢？任何一個人在這「成仁取義」生死兩不自由的困境中，其所遭遇的慘酷與悲苦，當不止於南冠楚囚的徒以淚洗面的啊！同時，任何一個人在這悠長的磨折歲月中，如非百鍊金剛，其精神意志沒有不崩潰的。然而，康氏雖然輕易得不到死的自由，卻也始終不甘輕易做生的屈辱。他雖然無法做行動上的反抗，但卻要做精神意志上的反抗。他在中共的大赦中沒有他的份兒，其癥結當在此。然而，自古「慷慨赴死易，從容赴義難」。卻想不到這位「復興社」的核心人物——四川啥子，還有這股狠勁，不能不令人說一聲：「硬是要得！」

康澤對於「校長」蔣先生，可說是忠貞不貳、矢志不渝的，任何艱鉅之事，只要是蔣先生命令或意志，他必排除萬難，委曲以從，雖貽任何惡果而不悔。蓋其服從實出於至誠，不是勉強矯飾得來的。但他今日的俘囚生活與結局，要亦由於這「過分服從」所招致。當民國三十七年康氏奉命擔任「第十七綏靖區」司令官，駐襄陽，其作戰區域，則劃歸武漢的「華中剿匪總部」白崇禧將軍節制。是年六月，中共部署在華中展開攻擊戰，到了七月上旬，中共部隊已推進到襄陽城的外圍據點，雙方展開激烈的攻防戰，其傷亡情形，兩方面都有相當慘重。本來在襄陽戰事接觸開始，華中剿匪總部所給予康澤的作戰指導，是要他扼守襄陽城後山高地，取居高臨下的建瓴之勢，藉以控制全城內外據點，並互為策應。但經過數晝夜的猛烈戰鬥，已有相當傷亡，固守城外各據點，則勢分力薄，不如放棄外圍，集中全力，保衛城內各據點，以等待援軍之來到，然後分進合擊。

三、蔣先生的一通電令

蔣先生就在七月十三日給康澤一通手令式的電報的指示，其原文如下：

康司令官：真（十一）電悉，南北兩方援軍，最遲必於哿（二十）日前趕到襄陽，中正負責督促勿念。至電中所述匪部裝備與戰況，以余判斷，認為危險期已將過去，匪迫近襄陽外圍各據點，激戰惡鬥已達數晝夜，匪部攻勢之損失，將比我軍傷亡更大。而且對方作戰無後方，彈藥之接濟，照屢次戰役經驗，匪部彈藥絕不能持久三日至五日時間，尤其各種炮彈之補充更為缺乏。在過去數日之激戰，其槍炮之攻勢雖甚兇猛，但其炮彈必因爭奪外圍山地消耗殆盡。何況山炮之威力，並不能轟破我堅固之城牆耶！故此次如我決心退守城內，集中全力防禦匪部來攻之辦法，則必能擊退匪部，確保安全，有時且可乘機轉為攻勢，殲滅疲乏之殘匪，何況有我空軍晝夜前來助戰，非匪之所能及也。唯此全視主將之智勇與決心而定。歷來革命苦戰之役，當軍民驚惶失措之際，獨賴主將指揮若定，則過一時期自必轉危為安，一般軍民亦不知其所以然也。吾弟經過此番風浪，渡過此一難關，以後不唯膽識可以因之大為長進，而且立名成業，亦起於此矣。只要信賴余言，堅忍鎮定，匪雖兇猛，其如之何？弟以為如何？中正手啟御機元印。

康澤於奉電令後，經過一番權衡輕重得失，雖然兩處的作戰指導歧異，終於他還是遵照了蔣先生的命令變更部署，並於次日（十四）電覆蔣先生，報告中共部隊攻勢情形和變更部署經過，其電文如下：

南京總統鈞鑑：七月元日御機電令悉，甲：匪對襄陽攻勢已由山地轉到城垣，昨前兩晚，城東、南、西三面戰況至為慘烈。乙：為集中兵力，遵照鈞示求守。寒日十三時起，將山地部隊轉移城內，丙：此間軍民感戴鈞威，士氣民心均甚奮發。職當仰體訓誨，堅忍鎮定，團結軍民，嚴明賞罰，誓竟不成功便成仁的決心，期達固守待援之使命，祈釋鈞注！

康澤寒叩。

四、人謀不臧名城淪陷

按前一通電報，可以瞭解蔣先生對於部屬尤其「十三太保」諄諄訓勉之意，不但對於敵我雙方瞬息萬變的作戰情況，要在千里以外收到指臂之效，而且對於康氏未來的成名立業，亦殷殷寄以期望。其愛護關切之情，殆有如家人父子焉。世傳「十三太保」，始於唐代沙陀李克用以十三個義子，封為「十三太保」，以今擬昔，自也無多讓了。而後一通電報，更說明了康澤之奉命唯謹，雖蹈越級指揮與越級服從之嫌亦在所不顧，總算是千古難逢的遇合了。只是，這種「遙制」的方法，對戰場指揮官不僅局限了他的臨機應變適應、適切的處置，而且使他時時處於聽候上命，招架敵人的被動地位，無法發揮將略天才。揆諸中國傳統兵法，所謂「運用之妙，存乎於心」的理解，必須是針對當前瞬息萬變的敵我情況，在間不容髮、稍縱即逝的有利時機下，加緊掌握予以最完滿的運用。如果派一兵、移一步亦必聽命於千里外的統帥，未有不違時失機自取潰敗的。論者謂：國共作戰的失敗以此，而近數十年來，中國始終培養不出真正的將才也以此。其對與不對，只好讓未來的史家去做公平的結論了。

由於上述的人謀不臧，終於使到這座襄陽名城不三四日間便告淪陷，而康澤也隨之而遭遇到做俘虜的命運。原來，就在這兩通電報先後一往一來的兩天後，中共方面即迅速集結所有可用的兵力，發動了最猛烈的攻城戰。原來我軍放棄的城後高山地，卻給共軍輕輕易易地利用做大炮陣地，向城中憑高陵下地俯轟，城中的守軍，頓時被轟得抬不起頭來，形成痲痺狀態，於是共軍毫不費力地登上了襄陽城。共軍攻進城後，因為投鼠忌器，中共後山的大炮不能再轟，我軍才再鼓勇氣，展開巷戰，與共軍血肉相搏，經過了一日夜的浴血苦鬥，終於康澤在力盡援絕、潰不能支下而被俘了。

五、楊永泰口中的妙用

康澤，號北民，雖是黃埔四期出身，卻始終是做著組織、訓練工作，從未指揮軍隊打過仗。他由俄國莫斯科留學歸來，便派在中央黨務學校（政治大學的前身）任訓導工作。由於他是軍人，而在莫斯科所學的又是那套嚴格的組訓工作，因此，深為黨校的同學都反對他。一天，蔣先生到黨校巡視，忽然發現牆壁上貼有「打倒小獨裁者——康澤」的標語，到了校本部後，立即召見康澤，問他：「學校為何不滿？」康答道：「黨校的訓導工作，應該是以軍事的訓練、政治的組織，來強化黨的新生力量，和嚴肅的綱紀，但是學生就因此而表不滿。」蔣先生認為他的一套組訓理論，相當嚴格，便連連地道了好幾聲「好」。不久，在華中展開了剿共工作，他便調在蔣先生左右，與賀衷寒諸前期同學參加「復興社」的組織核心，繼之便擔任對共的軍事、政治情報工作——別動總隊長，並主持「星子特訓班」的訓練任務，從此，他由一個黨校的訓導員，竟一躍而為風雲人物了。

他領著一支全部短槍的武裝特務部隊，東征西剿與共軍周旋，當圍剿後期，軍事當局在江西實施碉堡政策，從星羅棋佈的據點，來逐步圍堵共軍。某次，南昌行營召集軍事會議（碉堡），一時將領都齊集行營中，關於碉堡攻防問題的研究，先由楊永泰祕書長主持，最後由蔣委員長指示要點。康氏一看軍用地圖上所標識的碉堡位置，只在贛東、南、北三方面建築得整整齊齊，獨缺了贛西一角，他心中覺得納罕，忍不住輕輕地問道：「全省碉堡，何以獨缺西方，所謂圍剿應做如何解說？是否有何困難？……」楊永泰不等他說完，便微笑地答道：「這不是工事上的缺點，而是軍事上的妙用，你且不必管它好了。」康氏聽了這一解說，仍然不明白所謂「妙用」何在，但當會場中雖然蔣委員長不在，也不便再說什麼了。直到散會，他便悄悄地跟進祕書長的辦公室中，楊是一個絕頂聰明的人，一見他進來便知道來意了，便附著康的耳朵說道：「朱、毛已成甕中之鱉，遲早是要消滅的。不過湖南的何鍵、四川的劉湘，始終對中央是陽奉陰違，中央的勢力始終被他們拒諸於門外，中央既不願冒輕啟釁端之名，自不能不利用這假道於虞之計。其網開一面的妙用在此，你總該明白了。」

六、率部入川衣錦榮歸

康氏聽了這話內心特別興奮，他覺得中央的威令，即將通行無阻於故鄉四川了。於是，他計劃著對別動總隊的人事與部署做種種準備了。到了民國二十三年的秋冬之交，朱、毛果然受碉堡政策的壓力，開始所謂「二萬五千里的長征」。到了次年，康氏也就率領著那支武裝特務部隊，擔任著入川參謀團的前站，進駐到重慶浮圖關。重慶原是川東衝要之區，而浮圖關卻是重慶形勝之地，其聲威揚厲，直可以懾川中諸將，不僅是衣錦榮歸的習俗之意義了。這便是康氏事業聲名發展到最高峰的階段。

抗戰後的三年（民國二十八年冬），中央為了充實三民主義的新信徒，與中共做爭取青年的競賽，成立了三民主義青年團，蔣先生對於「十三太保」諸人，始終是另眼相看、信賴備至的，他認為「復興社」既已無形中停頓了，但關於青年團的組織訓練工作，仍然需要他們。於是，除了派劉健群任中央團部的常務幹事兼書記外，其最重要而最具權力的組訓處長，很自然地落在康氏的肩上。在抗戰中後期這一段時間，他始終擔任這工作，對於青年的組織、訓練種種設計規劃，確也表現得相當成功。而在人事方面更是廣為延攬，多方羅致，由於他成為黃（埔）、復（興社）、青（年團）三位一體的精神堡壘，因此，除了黃埔、「復興社」關係的人，必然安排外，同時，對於一些文人，也儘量加以羅致，像在香港的立委和政海中人，如涂×遂、周×賢、程×遠、劉×達等等，當年便都是康的夾袋中人。

七、大局逆轉，效死勿生

到了民國三十四年，青年團中央幹事會改選，蔣經國以江西第四行政區督察專員兼三民主義青年團江西支團幹事長的身分與基礎，當選為中央團幹事，這雖是由地方而洊升到中央，但卻只是一條光桿子，可幹的事並不多。但蔣經國是個好幹喜功的人，同時，他在江西卻又覺得待膩了，在進退籌思之下，終於他決定放棄江西的職務而進入中央團部，而且向蔣先生當面要求，指定要康的組訓處長。這一來可把蔣先生為難起來了，一方面是「愛子」，一方面是高弟，究竟何去何從呢？經過了再四的考慮，覺得經國在江西這多年，也應該要他回到中央見習見習一些軍國大政了。於是，便召見康澤做了一次的懇談，並且鼓勵他再去美國考察一番，將來再行大用。康氏對蔣先生只有服從，何況接替的人又是這位師弟蔣經國，自然只好退讓賢路。不久，他在公私諸事摒擋就緒後，也正是抗戰勝利之際，於是便鐵馬摩空地橫渡太平洋赴新大陸了。

他在美國考察了一年多，由於美國的民主政治風氣特別濃厚，因此也就影響了他個人對政治的觀念，覺得今後唯有走向民主政治一途了。等到民國三十六年回國，也正是我國行憲準備工作的開始，於是他回到故鄉四川競選立法委員而且也當選了。迨三十七年國共戰爭節節失利，華中地區也漸漸吃緊起來，非有幾個實心任事、忠誠可靠之人去主持不可了。康的忠義是蔣先生素所知道的，終於派他出任艱鉅，肩起華中重要地區（襄陽）第十七綏靖區司令了。在他榮膺新命的時候，我的一位朋友甘友蘭先生曾就當時的軍事形勢，在在都處於不利，再三勸他以不出任指揮官為宜。但康對蔣先生是有一股「效死勿生」的儒家忠忱的，他為了要效忠領袖，又豈是朋友勸告所能改變他之初衷的呢？然而，他之被俘，總算對蔣先生不負了。康夫人於大陸淪陷時，已遷居臺灣，人口不多，生活簡單，他的長公子已去美國留學。蔣先生袍澤情深，對於這忠誠的舊部的眷屬，也特別表示關懷而加以賙恤哩！

第八章

鄭介民「洗手」未成身先死

復興社「十三太保」中，除現在尚健存的賀衷寒、鄧文儀等六人外，其他或死或俘，風流雲散已過半了。人事滄桑，生存零落，不能不令人感念太息！如戴笠畢命於飛機失事，酆悌喪生於長沙大火冤獄，蔣孝先枉死於「西安事變」亂槍中，桂永清自戕於憤激下，唯一得到善終，而生前功罪、身後是非，蓋棺論定，不失其「平實穩健」之公論的，唯鄭介民氏一人而已。鄭氏一生做人處事「平實穩健」，是其特殊風格，也是他唯一長處。他不求赫赫之功，也不求僥倖之名。他沒有領袖慾，也沒有風頭主義。因此，若干年來，除了最後一段時期主持國家安全局外，總是謹守崗位的做其幕僚工作。儘管他人聲勢煊赫，傾動一時，他還是我行我素，從篤實中去踐履，從平易中去求不平凡。近三十年中，「十三太保」諸人，經風險、受困頓、浮沉起跌的，不知凡幾，而鄭氏卻始終平平穩穩、日積月累地成名立業，這便是他「平實穩健」的成功處。

一、因軍調部鄭氏揚名

由於鄭氏之不喜出風頭，同時他又擔任神出鬼沒的工作，所以若干年來，他都無藉藉之名，直至馬歇爾元帥來華，調處國、共內戰，成立軍事調處執行部於北平，由國、共、美三方面派出代表，成立軍事調處三人小組，他以軍令部第二廳廳長兼「軍統局」副局長的身分，出膺艱鉅，擔任著國民政府方面的代表，與中共方面代表葉劍英、美方代表羅拔遜，做面對面的折衝。至是，「鄭介民」三字，始為中外人士所熟知，而且成為新聞人物了。本來國、共和談，只是一種政治上的手段，根本無法談得攏的，實際上中共所標榜的「軍隊國家化，政治民主化……」也只是欺騙美國人，藉和談來拖住國民政府，以期達到擴大內戰的部署準備而已。唯有天真的美國人才會相信共方有著和談誠意，而且生拉活扯地偏要做這個媒人。

當葉劍英代表中共參加軍事調處三人小組啟程前，毛澤東就曾特別對葉說：「我們面對『反動階級』的偽和談，特別要提高政治警覺性，……我們是左手拿著槍，右手拖著國民黨談和，……如果黨沒有武力，黨無法存在，誰和我們談和呀？……」從這一段殺氣騰騰的言詞中，我們可以想到鄭氏這番艱鉅任務是無法完成的。然而，為了表示政府和談的誠意，又不能不「動心忍性」地談下去，於是，鄭氏處境更是艱苦憂勞萬分了。

不僅如此，同時更因為「軍調部」的成立，中共便藉著這名正言順的招牌做掩護，將地下工作人員大量進入北平，而且堂而皇之做公開活動，除了參加「軍調處」本身攜帶的人員外，於是新華社北平分社，「軍調部」新聞發佈組等機構，都先後成立了。其實，這還是對外的一種公開名義，骨子裡，這批人全是「華北局特別小組」的地下工作人員，由一個冒牌的皮商大亨——「華北局」局長徐冰直接指揮。鄭氏此行面臨著這一明一暗的雙重艱鉅任務，只好夙夜憂勞，而至心神交瘁，他的心臟病即種根於此。

二、破獲中共特務機關

原來這「華北局特別小組」，地區雖只限於北平城，而任務卻極其繁重，包括黨的保衛工作（指中共而言）、統戰工作、軍事情報、社會情報，乃至美方情報等，而且負責這特別小組的便是毛澤東的媳婦，鄧寶珊的女兒，毛岸英的愛人鄧雪梅。正當一面打一面談的當兒，軍統方面，忽然在北平城內東單牌樓棲鳳樓的華麗公寓內，破獲了一個中共的特務機關，並搜得了一些文件，其中最重要的是中共中央統戰部和華北局的一項指示，其要點如下：

甲、有關新聞界事項

（一）按日大量收購有關反共的報紙刊物，使反動刊物無法在群眾中宣傳。

（二）調查反動報紙雜誌負責人姓名、歷史、經濟來源、每日出紙數量，和負責人最近的動態。

（三）設法拉攏北平行營新聞處長趙×夫、新聞專員戚×城、《新民報》主筆張×水，原則和方法須符合統戰工作。

（四）設法收買較中立的《大公報》、《太平洋》雜誌新聞從業員，利用各項近似事件，製造改寫「電訊」、「報導」、「特寫」，和有利組織的宣傳。

（五）密切注意北平新聞記者公會理事長、中央社北平分社社長丁×進的特務組。

（六）新聞局軍聞社的組織、新聞來源的調查。

乙、有關學運事項

（一）以「北大」、「清華」、「朝陽」三大學為主要目標，公立中學次之，爭取收買貧苦學生，待機發動反內戰、反飢餓、反逼害的三反運動。

（二）調查國民黨團在大中學校的「黨團活動」情況。

（三）深入「民盟」籍教授及我黨同路人的活動，相機發動「增加薪津」、「爭取民主和平」，貫徹國民黨團滾出學校，做成「罷教」的準備工作。

（四）發動學生「反美運動」，要求「美軍撤出中國」

丙、有關軍事事項

（一）設法收買軍事機關祕密文件、圖表、軍需業務，和一切有關計劃，並收購各軍政機關的公文廢紙。

（二）相機中傷二〇八師長吳×亞，離間北平行營和他的合作。
（三）設法製造駐軍、憲兵與地方部隊間的矛盾，爭取下級幹部，攻擊精幹中層分子，使反動軍隊上下級脫節。
（四）調查我黨同志在國軍中潛伏情況。

三、焦急苦惱說要洗手

中共這一陣串的陰謀，如果一一執行起來，將使這華北樞紐的北平市成為什麼樣子？鄭氏面臨這意外的難題：斷然地逮捕吧？既礙於是毛澤東的媳婦，誠恐因此給中共以藉口，而影響正在進行中的和談。不逮捕吧？又恐貽禍無窮。他在再三考慮之下，只有一方面請示中央，一方面電請戴笠趕到北平親自主持，因為擔任「軍調部」的和談代表，在歪纏不休的唇槍舌劍的折衝中，實已精疲力倦無法兼顧了。結果，戴笠就在此行的回程中，撞機身死，不久，國共和談破裂，「北平軍事調處執行部」的招牌，也從協和醫院大門上除了下來。後來，北平連續發生的學潮、沈崇事件，以及北平大共諜案層出不窮，詳情容後再述。

鄭氏襄助戴笠主持全國的調查統計工作，規模策劃，雖多屬於內勤，但他行蹤隱祕，尤工於化裝術，有時遇著重大案件，親自出馬，無論士農工商，或老少妍媸，一經他喬裝，無不唯妙唯肖，如非他開口出聲，即使是特別接近的人，一時也無法辨識。他對於這些工作，雖然獨擅勝場，但由於政治上的關連、人事上的牽掣，常常使他們焦急苦惱，氣短灰心。誠如餘不足觀閣主在天文臺報所寫《捫蝨談》中一段趣話：「當抗戰中期，戴、鄭二氏因某一重要難題，召余參加商討，歷數小時而不能決，戴氏已心煩不耐，鄭氏於無辦法中，突然向戴氏進言曰：『如此麻煩，我想，我們從此「洗手」吧？』鄭言甫畢，戴直跳如雷，面詰鄭氏曰：『「洗手」怎樣解？強盜收心，才叫「洗手」，你真失態！』鄭氏從容答曰：『不說「洗手」，就說「不幹」，也是一樣，難道我們還想幹一輩子嗎？……』」後來復與閣主談及此事，鄭不覺歎息曰：「東牽西拉，拖泥帶水，洗手又談何容易？」由此，可以窺見鄭氏的秉性與心情。

四、功罪是非蓋棺論定

鄭氏為海南島文昌人，先務世農，二十歲前，隨鄉人走暹羅，藉做小販餬口。適有同鄉黃珍吾掌教於暹羅僑校，彼此時有過從，至民國十二年黃乃棄教鞭歸國投身黃埔軍校第一期，旋即邀鄭氏前往，入黃埔二期。因此，鄭氏每視黃珍吾為平生知己，即以此。民國十五年奉命赴莫斯科中山大學習政治、經濟，歸國後，任廣西省政府委員兼省黨部整理委員。在黃埔同學中，以英年而躋於黨政高位的，鄭氏當屬有數人物。旋調軍委會委員長南昌行營侍從參謀，因而得參與「復興社」的書記，成為「十三太保」之一。抗戰軍興，他以軍委會第六部三組組長兼第一部二組組長，而於「軍統局」戴笠之間，始終是相助為理。政府遷臺後，調任國防部參謀次長，兼負策劃指揮大陸工作的任務。到了民國四十年，他更以國民黨中央改造委員兼第二組組長，旋復於四十三年，政府成立「國家安全局」，他便以深沉慎密、久事諳練而出任第一任局長。這時身兼四職，日夜辛勤，是為鄭氏平生事業的最高峰，終於以此而積勞致疾。

鄭氏於民國四十四年，曾一度發生冠狀動脈栓塞症和心臟病，次年五月，經由香港赴美就醫，接受與艾森豪威爾總統同樣的氧氣治療，病體已漸次痊癒，到了四十七年十二月舊病突告復發，終以不治逝世。

鄭氏於近三十年來，一直是我國調查統計工作高級負責人之一，一生轟轟烈烈、神祕莫測的事蹟特別多，但他生性簡靜，不喜宣傳，知道他平生事蹟的並不多，除了前述的北平軍調部所遇上的軼事外，如所周知的，臺北所發生的吳石大間諜案、郭廷亮案，也都是他的拿手傑作，而那位寄居吳寓的女間諜，將無線電發報機深深祕藏於浴室中，不但將保密人員瞞過，即連那位居停主人的吳次長也輕易瞞過，真也是匪夷所思了。但「上得山多終遇虎」，匪諜的機智，畢竟敵不過鄭氏的匠心和天羅地網般保密人員耳目，終於落網。而保全了臺灣偏安之局到今天，即此一點，鄭氏對蔣先生亦足以不朽了。

第九章 曾擴情的沒落及其他諸人

「復興社」在民國二十五年「雙十二」的「西安事變」中，被迫停止活動，這個最不幸的日子，不但腰斬了正在成茁壯的「復興社」，而且挽救了中國共產黨垂死殆盡的命運！這些政治上的是是非非，數十年來論者頗多，筆者不欲贅述，不過本篇所記敘的當年「十三太保」竟在此役沒落其二，雖所關非鉅，卻是「復興社」零落的開始。

一、從蔣孝先被殺說起

「西安事變」中，蔣孝先以警衛團團長（一說是憲兵團長，負責警衛，手邊無書，確否待考）身分，為著保護蔣先生，他在臨潼華清池為亂兵所殺。他是浙江奉化溪口人，為蔣先生同族的子姪輩，當時他的官階，雖只是一個少將，在「十三太保」中，並不算是風雲際會的人物，但因他管領警衛，等於君主時代統帶御林軍，所得蔣先生的信任，甚且更重於其他諸太保，如果在這次事變中不遭到意外，以蔣先生平昔愛護學生子弟的作風，自不難置身青雲，干霄直上。可是人死了，他未來的一切事業功名，都已付諸流水而談不到了。無怪在當年張學良幽居奉化溪口時，蔣孝先的夫人要千方百計地刺殺張學良，來報仇洩忿；雖然未成事實，而「張學良被蔣孝先太太刺死」的謠言，卻曾傳遍了遐邇。她這一報復的心理與動機，卻也是值得同情的。

曾擴情赴西安，是以軍事委員會政治訓練處長的身分，隨同蔣先生前往的，不想在事變中，竟被張學良與楊虎城把他拘禁起來。繼而張、楊等既恐懼中央以雷霆萬鈞之力，大張撻伐，又鑑於莫斯科的《消息報》、《真理報》，對他們這個驚人行動，不但不予以支持，而且加以無情地攻擊。在這急轉直下的情勢下，萬一局面弄僵了，這後果是不難想像到的。因此，便脅迫曾氏爬上廣播臺，向南京廣播著說：「張、楊對蔣委員長絕無危害之意，只要中央答應停止內戰，容共抗日，蔣委員長必然安全歸來，希望大家放心是了。……」

二、曾擴情廣播丟前程

這段廣播詞，在當時全國各都市都可以收聽得到的，不久，蔣先生在端納顧問諸人的迎接與張學良親身護送之下，安全抵達南京，曾擴情也被釋放恢復了自由，到了南京之後，他特為此事向蔣先生上了一個簽呈，說明當時事變倉卒，不克扈從左右，以及叛軍以暴力脅迫廣播，末段則引咎自劾。簽呈賫遞到了蔣先生手中，蔣先生竟批以「無恥」二字，隨即將他禁閉起來，關在南京淮海路軍統局的招待所，雖然沒有依法判處徒刑，但這類嚴師處罰不肖學生的禁閉處分，卻是可暫可久的呢！

所幸曾擴情情命宮魔劫不重，只如浮雲之翳太空似的，經過了半年時間的幽居思過，恰值蘆溝橋「七七」事變，繼之「八一三」淞滬戰火燃起契機，他便以黃埔一期「老大哥」，在同學們一致力保之下，蔣先生也覺得正是用人之際，該給予立功贖罪機會，於是曾氏乃由幽禁中，回到擁護領袖、參加抗戰陣營。但自此之後，他在政海中卻是載沉載浮的一蹶不振。當時由於抗戰軍事的開展，或綰兵符，或主政治，尤以他的同期同學胡宗南，手握重兵，坐鎮西北，權勢最為顯赫。他一直依著胡氏，度其落寞的幕僚生活。回思當日同學少年，他與胡宗南、賀衷寒，雖屬文武殊途，仍能平流並進（因為曾在「復興社」中也算是早達的一個），而今直是雲泥異路了。胡宗南也深知曾的抑悒心情，但在蔣先生沒有泯除「西安事變」舊隙之前，是無法替他做大力保薦的，經過一再考慮之後，便請他去襄助訓練中央軍校第七分校學生，頗能有所表現。

三、絕意仕進收拾雄心

抗戰中期，某次陝西省政府改組，西北的統兵大員蔣鼎文（或是另一位？已記不清了），曾經密電中央，暗中力薦曾擴情可任民政廳廳長。蔣先生於得電後，即電覆飭曾氏赴渝一行。他於奉到電令後，欣然就道，以為此行將使窮陰凝閉了多年的他，得春風鼓扇而為之解凍。即曾氏的友好，也莫不以此為東山再起的喜訊而為之祝賀。豈知到重慶後，晉謁蔣先生，竟是一頓嚴詞厲色的訓斥，責他挽人推薦，沿襲一般官僚的卑劣惡習，挾軍人關係以干祿。……自然，蔣先生的這一發作，當然還是為了「西安事變」的影響。曾氏深感於「一失足成千古恨，再回頭已百年身」，從此絕意仕進，安度其閒散落寞的生活，不復再有捲土重來的雄心了。

在黃埔軍校鼎盛時期，一般高期同學，大多數胸中總是消不了「天子門生」四字，不是驕矜慢人，便是矯飾作態，求其和易坦率，而不失軍人本色的，有如鳳毛麟角，曾擴情卻是其中之一個。曾在民國十六年秋間，曾有一次奉著密令回到他的四川故鄉，窺察當時川軍中劉湘、鄧錫侯諸人對革命運動的意向，及至公畢回京，竟在南京新買了一幢美輪美奐的洋樓，擺起公館來了，室內的裝飾和古玩的陳列，居然是闊人顯要的公館了。那時，黃埔同學，因為離校不久，北伐甫告完成，大家都抱有一股熱血沸騰的革命精神，他們一見到曾氏如此地奢華豪侈，紛紛向蔣先生報告，認為曾氏如此腐化生活，絕非革命軍人所應為。蔣先生於獲知情形後，即勒令曾氏遷出，並將這洋樓賣去。曾於奉命後，毫不遲疑地立即另覓居址，不久就將這座樓也出售了。從此以後，乃盡改其常度，過著簡樸的生活，不再做私人打算了。

四、一度接辦川省黨務

抗戰勝利後的行憲期間，他正回到故鄉，許多朋友勸他競選民意代表，他的答覆是：「一切聽從中樞的指示與安排，個人未便任意進行。……」他大概還未忘懷前次保薦陝西民政廳長的事，再也不想求榮反辱了。結果，那次中央提名中，國大代、立監委，都沒有他的名字。後來，直到四川省黨部主任委員黃季陸（現任國民政府教育部長）辭去這個主任委員兼職，專門擔任國立四川大學校長時，他才以老馬回頭的心情，繼黃季陸的下手，重行接辦四川黨務（他在民國十七八年時曾任四川省黨部特派員）。他在四川省黨部任內表現得相當好，一方面由於他的才具，再加以篤實踐履的工作精神，一方面得助於人和。原來，在抗戰期中，政府以重慶為首都，一部分黃埔出身的川籍黨員，都回到四川，他以黨務領導人兼黃埔老大哥，上下協成，自然事半功倍，毫不費力地完成任務。

曾氏自「西安事變」中遭遇到一次意外的蹉跌後，他嚴肅地訓練自己、檢討自己，對外絕不輕易表示自己的意見，甚至對任何問題非到最後一分鐘不發一言。他由坦率熱情，變得沉著了。因為他沉著，所以在四川最後撤退時，引起許多人對他懷疑。當時傳說紛紛，有的說他一定尋著當年「西安事變」的舊路子，向中共靠攏，作為「失之東隅，收之桑榆」的打算。有的說他當共軍進入成都時，他還不慌不忙地關著門，寫下了他自己的歷史最後一頁。這些毫無根據、僅憑推測的訛傳，且不去管它，不過當時成都撤守的情形是這樣的：

民國三十八年冬間，共軍進兵大西南的四川，胡宗南奉命將所部大軍，由西北馳援川省，胡總部設於成都，這時曾氏亦在成都。未幾，由於劉文輝在重慶演出陣前起義，川省的軍事形勢乃急轉直下，胡宗南以老同學的關係，特別叮囑曾氏隨時密取聯繫，以便必要時搭乘軍用專機撤退，否則戰局變幻惡化，到了倉皇撤退的緊要關頭，便恐無法照顧聯繫了。果然不久，共軍陳賡部已進抵成都近郊，黨政方面人員已一批一批地撤退，連省黨部書記長都撤走了，他還是若無其事的。友人勸他，總說：「不用急，不用急！」等到共軍快抵北門外，鳳凰山機場只剩最後一架飛機，升火待發時，胡宗南馬上打電話，未接通，又四出派人找他，終也不得其蹤跡所在，於是留下一封信說：「曾主任，這是最後一架飛機，請火速在一小時內趕到機場，否則我們只好別了！」結果，一小時限期到了，曾還沒有來，胡氏無可奈何，懷著悵惘的心情，飛往西昌去了。

五、陷身大陸尚在人間

據說當時曾氏未料到國軍撤退得這麼快，以為至少還有一場大決戰，然後撤守。因此，他竟挈著一位女友往廣漢旅行去了，等他匆匆歸來，要撤退的已走光，未及撤退的已「起義」，此時誰也顧不及誰了。曾氏陷身牢籠中，插翅也難飛去，只好坐待命運之神來主宰。成都固多共黨地下人員，對於他的面貌、聲名、身世，早已稔熟了，一來就將他拘捕，旋即解赴重慶，與王陵基、宋希濂等同囚於歌樂山的集中營，每日被鞭撻、做勞動苦工，至今還在人間。當年煊赫一時的「十三太保」，他與康澤竟有兩太保陷身在中共的牢獄中，受著非人的磨折，而且都是四川籍人，似這樣厄運的湊巧，又從何處說起呢！

以上所述，所謂「十三太保」諸人，已個別介紹了賀衷寒、鄧文儀、康澤、劉健群、桂永清、鄭介民、蔣孝先、曾擴情等八人，其有待於介紹的，尚有酆悌、潘佑強、杜心如、蕭贊育、戴笠五人，除了酆悌的軼事、性格，以及最後罹冤獄的始末大略。至於潘佑強、杜心如、蕭贊育，也都屬於湘籍。杜心如曾於抗戰期中，任軍委會第二廳廳長。蕭贊育擔任過中央陸軍軍官學校的政治部主任，與黃杰為前後任。潘佑強則曾任訓練總監部國民軍訓處處長，為抗戰前主持國民軍事訓練最早之一人。在這三位太保中，或有趣聞軼事而為筆者所不知，或筆者所知者，又苦於不值一談，概從省略。讀者既省麻煩，筆者亦可藏拙。「知之為知之，不知為不知。」幸讀者諒焉！至於最後一位太保戴雨農（笠）先生（因為他們局內人都尊他為戴先生，故亦從之，非有厚薄也），則由「復興社」而手創「軍統局」之主腦人物，亦即近若干年來在軍、政兩途獨樹一幟的神祕人物。由於他的工作特殊，因此，他的沉鷙威重的性格，大刀闊斧的作風，揮金如土的手筆，風流好色的本質，更顯得突出。在他一生中，有若干的神祕、驚險、奇蹟、趣事、艷聞……總之，他的一身就是個「萬花筒」，形形色色，多采多姿！

第十章 戴笠以半根皮帶握大權

「軍統」自民國二十一年四月一日成立，迄民國三十五年六月一日改制（「軍統」隨國防部的成立改稱為「保密局」），其間整整十四年零兩個月，始終由戴笠一人負責主持其事。因此，談戴笠者，始終離不開「軍統」，猶之乎談「軍統」者，也同樣離不開戴笠。戴氏一生名滿天下，謗滿天下，其間功過是非，見仁見智，至今尚無定論。毀之者，說他兇殘好殺，無異為淵驅魚；譽之者，又說舉世滔滔，無他實不足使亂臣賊子懼。這些不虞之譽，求全之毀，自然不能作為定評。我最首肯的評語，是章孤桐輓戴的聯句，其中有云：「亂世行春秋事，將來自有是非。」章孤桐晚節不保，其人固不足論，至對戴氏這一聯論評，是頗具分寸，彌見大體，不失為客觀的、公允的。君子不以人廢言，我還是拿他這句話，作為對戴氏論評的權衡，和本文的前引。

一、出生浙江江山巨族

無可否認地，戴氏一生的赫赫聲名和事業，完全建立在「軍統」這一機構上面的，到了抗戰中期以後，正是他的鼎盛時代，無論是黃埔同學或「復興社十三太保」中，除了胡宗南外，戴的聲威幾乎駕凌所有前期老大哥之上，他的際遇之隆、信任之專，可說是「簡在×心」，得天獨厚。他之所以能如此者，卻也並非偶然。他生性機智、果決、有毅力、有擔當、有豪氣、有賞罰、不避艱險、能御繁難，再加上「人緣」、「地緣」、「時代」，自然是際會風雲，一時無兩了。

除了上述這些先天、後天的長處外，卻也有他的短處：他好大喜功，風流好色。由於好大喜功，便不能綜覈名實，深入精微；由於風流好色，便不免為盛名之累。也許這就是他生平致謗的緣由之一。

戴笠，字雨農，浙江江山人。江山毗連江西、福建，山明水秀，風物清幽，著名的特產有靛青、毛竹，和敬神祀鬼用的通表、冥紙。保安（鄰近福建，距縣城一百四十里）的戴家和賴家，是江山兩大巨族，這些特產，便成為戴、賴兩姓的專利品。

戴氏祖上數代，都以販運上述靛青、毛竹為業，家道頗稱殷富。靛青原是唯一主要的染料，用途至廣。在過去西洋顏料未輸入中國前，「土靛青」便是大宗的生意。到了他父親手上，營業更屬鼎盛，但大宗的貨物運出、大批的銀兩解回，在當時萑苻未靖之際，是有著誨盜的危險的；於是便用著手眼遮天的辦法，將銀兩祕密換運煙土回去，如是一出一進，兩頭獲益，自然是利市三倍了。

不幸他父親一病逝世，業務由他叔父接管，可是煙土是有干禁令的，他叔父經營未久，便一連幾次失手，不但財貨兩空，而且人也吃定了官司。雨農這時正在中學念書，尚未卒業，但他為了家難，不能不棄學從商，來繼承這祖遺的產業了。

二、棄商從戎考入軍校

戴氏生就一副機智果決、揮金如土、好色風流的性格，他鑑於他叔父前車之失，便運用他那機智、巧妙、各種各式的方法，來隱藏偷運煙土，他利用船舷、船桅、船篷一些顯露的所在，或挖空，或夾層，來暗藏那違禁品。那時一般關卡查驗人員，頭腦是笨拙而守舊的，他們明知道這隻船上夾帶了私貨，但總是待在艙裡東翻西倒，用杆子去探測，絕不料那違禁品就顯露在眼前。因此，那批關卡人員，老是被他捉弄得團團轉，結果，氣喘汗流，依然是一無所獲。由於營業上的順利，他手中有了大把錢，他便胡天胡地地狂嫖豪賭起來。等到他叔父官司了結來查帳時，不但沒有贏利，連資本也被他挪用得過半數了，看看不是路道，便實行分居各爨。這時已是一個中落之家，再經一番分割，錢自更少了，但他依然不改舊章，揮霍如故。一個偌大家私，不到幾年已花得七打八了。戴氏經此打擊後，無法再在家鄉挨下去，只好遠走高飛，跑去上海度那流浪的生活。不久，便由人介紹轉到南京，考入中央陸軍軍官學校第六期，從此拋棄了過去的糜爛生活，開始過著革命軍人的嚴肅緊張生活。

戴氏進入軍校後，初時也還安安靜靜，按部就班過著入伍生活。但他生性好奇、好動，有抱負，又急於要求表現，等到入伍期間屆滿了，便又覺得這刻板式的生活過不慣了。於是一再上報告與校長，表示自己對於情報工作的興趣與思想。接著，他又繼續上了幾個條陳，反覆說明關於情報工作的理論、計劃和實施辦法等等。那時正值革命軍事受挫，孫傳芳的殘餘勢力既未完全肅清，而北方諸軍閥且正有聯合對抗革命軍的醞釀。至於黨方面，也多明爭暗鬥、培植自己勢力。於是，李宗仁也竭力用周鳳岐出主浙江省政。周鳳岐原是浙江的舊時代軍人，也是軍閥官僚的混合體，腦海中壓根兒沒有半點革命思想，一旦官星高照，從蔣、李內爭的夾縫中獲此意外機會，居然主持浙江省政來，自然施展出渾身解數，希望能鞏固他既得的地位。

三、初次出馬便遭考驗

周之為人，也自有他一手，他最擅長的是善觀風色，他默察當時局勢，還是混沌沒有明朗化，為著自己打算，自不肯笨拙地一面倒，做起死硬派來。於是，他一面感恩報德地表示做李宗仁的死黨，一面又暗中輸誠中央表示擁護。中央也明知周之此舉，出於虛偽，但為著顧全革命事業的大局，只得曲予優容，虛與委蛇。這時蔣先生看到戴笠又有條陳，對於情報工作，也頗能說得頭頭是道，另有其奇詭縱橫的一套，心中不免一動，想到浙江的情勢實在也覺得可慮，戴笠這青年，既有一股冒險犯難的革命精神，又頗有詭譎的智機，不如就派他去浙江窺探一番，也藉此考驗他一下，看他是否能「言必信、行必果」？於是，馬上召見戴笠，面授他一個任務：「探明周鳳岐對中央的真正意向和浙江最近的軍事動態。」戴笠得了這個臨時差使，正是求之不得，當面滿口應承下來。

戴笠以浙江人返回原籍，無論負有何項祕密任務，或做任何祕密活動，斷不致輕易為人發現。無如蔣先生存心要從各方面來考驗他、磨練他、教育他，等到戴氏抵達杭州的電報到後，便毫不假思索地電知周鳳岐說：「據報某方已派有奸細多人，潛入杭垣做祕密活動，希從速嚴密查拿務獲訊辦。……」周鳳岐祕密搞的各角關係，心中本已懷有鬼胎，這時突然接到這通迷離惝恍的電報，不免作賊心虛，暗中著急，他最怕的是那些鬼鬼祟祟和各方面信使往還的勾當，或已為中央窺破，或因此而啟南京之疑。於是，馬上調集軍警人員，挨戶搜查，嚴密捕緝。不一日，雨農便落在這個「考驗」圈套中而被捕了。

四、非刑拷問灌胡椒水

周鳳岐正在滿腹狐疑，一聽捕獲了奸細，立即派人嚴加審訊。戴氏初出茅廬，墮入圈套中竟毫不知情，但他此行，是抱萬分決心，不顧任何危險，以求取信於校長的，任何訊問，自不肯輕易吐露出來。審訊的人見問不出真情，便施以拷打，拷打不出，便施用非刑——「灌胡椒水」。這類非刑，是最厲害不過的。在過去沒有「電刑」以前，所謂非刑有三種，即「踩槓」、「坐老虎凳」、「灌胡椒水」。但「踩槓」、「坐老虎凳」，如果遇著銅筋鐵骨般的硬漢，也還能勉強忍受。唯有「灌胡椒水」這刑，是把人倒懸起來，將胡椒水倒灌入受刑者的鼻孔中，這種厲害而尖刻的刺激，不但無法忍受，而且直可傷害腸胃和呼吸器官。平常我們游泳時，如果偶一不慎鼻孔中灌入一點水，馬上會把你嗆得轉不過氣來，何況這樣富於刺激的胡椒水？自然不消幾下工夫，已將戴笠的兩鼻孔，直灌得鮮血迸流了。

正當戴笠拚命熬刑、堅不吐實之際，蔣先生第二通電報到了。原來，蔣先生於第一通電報發出後，旋即感到這事不妥，如果戴笠真的被捕，也許會因這通電報而斷送了他的生命，於是，立即再發第二通電報給周鳳岐，電文略云：「中央為研究敵情，如捕獲類似奸細嫌疑犯時，希立即解京訊辦。……」周於接獲電報後，覺得本案既非什麼奸細嫌疑犯，不如乘此賣個人情，於是立將戴氏從千鈞一髮中解救下來，養息了數天後，便派人押解南京。

五、威武不屈深受信任

戴氏僥倖於性命交關中生還，雖然身體吃了大苦頭，但卻因此獲得了蔣先生深心的信任，認為他是個「威武不屈」的革命青年，不久，便調他做侍從，從此便成為蔣先生的親信了。他在軍校六期尚未畢業，屆時仍然給他畢業證書。有人說：「趙普以半部《論語》治天下，戴笠卻以半根皮帶掌握大權。」這些妒忌話，可以說明戴在軍校六期和蔣堅忍在四期同樣沒有畢業。不過，戴於同學的人緣，大體算是好的。戴笠雖在這次嘗試中，建立了事業前途的基礎，但他的鼻孔卻因當時「灌胡椒水」受創過深，一直沒有醫好，成了鼻癰症，經常淌著碧綠色的膿水，便是這次「初試啼聲」的成績。因此，他對周鳳岐也就恨之入骨。後來，日本侵華，周鳳岐參加「維新政府」組織，出任綏靖部部長（任××為副部長），終於民國二十七年冬，被蔣氏派遣行動人員，將周刺斃於上海巨籟達路。於是，有人說：「這是雨農報復當年倒灌胡椒水之仇。」這雖是無稽之說、附會之說，但也太巧合了。

六、繼鄧文儀主持軍統

其後「復興社」成立，他便以日侍校長左右的關係，近水樓臺，成為「十三太保」之一，而且負責著組織工作，這時他已和那一、二期的老大哥並駕齊驅，而且更顯得重要了。到了民國二十一年三月，南昌行營調查科改組，擴充為「軍事委員會調查統計局」時，他便繼鄧文儀之後來主持「軍統」了。雖然當時「軍統」的局長，係由不久前在北平逝世的賀耀組擔任，但賀只是虛領名義，不問局事，一切實權，完全交付在戴氏手中。這一曲折的安排，在當時蔣先生具有兩層深意：一則是戴笠期別低、資歷淺，要他統率「軍統」內外勤工作的前期老大哥，在指揮調度上，總覺得有些礙手礙腳，不如藉著賀的老招牌，發號施令便有一個假託，以待他的資望、聲名漸漸培養起來。其次是「軍統」成立伊始，幹部缺乏，若干工作，一時都未必能展開，其時賀耀組正擔任著憲兵司令，若將賀兼領名義，則若干借重憲兵協助之事，自較便利。由此，可見蔣先生對於戴氏培護的深意了。

「軍統」成立之初，由於事前既未儲備專業人才，因此，局本部（這是局內人對「軍統」的通稱）和所屬的外勤重要人員，幾乎全部是黃埔的老大哥，和「復興社」的同志。雖然蔣先生在人事上曾為戴笠委曲安排，但在指揮調度上，仍不免許多窒礙，不能不使戴氏多方遷就；但戴是個剛果的人，豈肯事事長此遷就？同時，也由於工作逐步展開，人員萬萬不夠分配。基於這兩項原因，於是便積極籌劃創辦訓練班，來培養新的人才，一面充實工作人員，一面逐步實施新陳代謝。

七、辦訓練班科目繁多

訓練班籌備成立，即設於湖南零陵，戴氏兼班主任，是為「軍統」培養專業幹部之始。但因「軍統」成立未幾，內外事務，百端待舉，戴氏夙興夜寐，尚感肆應不遑，對於訓練班的一切教務事宜，自更無法兼顧。於是，便保薦胡靖安來擔任教育長，代他主持訓練班事務。胡靖安為江西靖安人，黃埔二期畢業，侍從蔣先生最久的，從先後順序言，第一便是胡靖安，其次是王世和，再次才是現在的俞濟時。也就因為如此，養成了他的恃寵而驕，狂妄暴躁得不近情理，終於在一次毆打蔣先生的侍從，被開除學籍，永不錄用。他若干年來，侍從蔣先生日常生活起居，有時一個睡在室內，一個便架起一張行軍床橫睡門外；這一類的金鑾祕記，便和筆者先後談過十小時以上。只是，戴氏這次力保他出任教育長，自也有戴的用意。原來，胡靖安曾於早年奉派留學德國，名義上是習軍事，實際上是研究德意志祕密警察的制度、教育，及其單線、複線情報網之組織與佈置等內幕，成為黃埔同學中留德研究最有心得之一人。祕密警察即是情報組織，像這類人才引用起來，自然對於「軍統」未來的展佈，具有莫大的助力。

參加訓練班受訓的學生，約可分為三部分：一部分為「軍統」的同志，一部分為「復興社」的低級現職人員，另一大部分，則為內部高級工作人員負責介紹而來。在訓練初期，和軍校入伍一樣，側重在軍事教育，同時也注重精神的磨厲和勞動服務。如息烽班的校舍建築得美奐美輪，便是當時的學生們的汗血所凝成（訓練班也招有女生，她們免除勞動服務）。初期教育完成後，接著便是分科教育。班中科目分：情報、通訊、行動三組。情報組，包括情報的蒐集與編審、郵電檢查、密碼研譯、漏格通訊法、化學通訊法、盯梢法、化裝術、攝影術、駕駛術等。通訊組，包括收報、發報、報機的裝置與修理、波長呼號與聯絡方法、電流干擾散播法、定向偵查、氣象紀錄等。行動組，包括扼殺、刺殺、槍擊、爆破等。

上述各項科目，得視各人的性格與興趣，自由選習三組中的任何一科，不得選習兩科或兩科以上。至於女生，則絕大多數選習情報，而且以選習郵電檢查一科者比較特別多。原因是：女子心思細密，不耐勞動，最適宜於伏案的工作。

八、行動表演當場出彩

選習扼殺科的學生，按照規定必須具下列的條件：一須身體健碩，二須膽略過人，三須膂力與臂力充沛，四須性情溫和。因為，如果沒有前三項條件，則不能控扼對方的生命，完成任務；如果不具備後一項的條件，則其人既無德性修養，學成以後，動輒足可致人於死命也。關於扼殺的技術，動作極為簡單，而且極為科學。就筆者所知，當進行扼殺時，施展身手的人，必須乘人不備之際，突以左手從頸後前穿過去，勾住對方的前頸項下，使之成三角形，右足穩立地上，左足膝蓋提起，向前用力挺住對方的臀部，且提且挺，使對方的足跟離地，右手則盡力控制對方的××部，使他完全失去反抗力。這樣，經過幾分鐘後，對方便告氣絕而返魂無術了。至於上述的「控制××部」一點，這一動作，關係極為重要，恕筆者予以保留，否則，全盤指出，必能滋生流弊，若因撰寫掌故而缺德，則非筆者非所願了，希讀者原諒！

上述那些技術上的動作，確屬信而有徵，絕非如「講古仔」的那樣，故神其說。戴氏雖身任主持工作者，但他不是行動人員，自然無法證驗這套技術的真實性。某次，他飛到息烽對訓練班學生去訓話，一時心血來潮，便暗示那扼殺教官來一次現場表演，教官點首示意照辦。正當全體師生聚精會神，靜聽戴氏講話時，行動教官突將站在最前排的一位同學，乘其不備，施以如前面所述的手術。大眾一時不知為了何事，齊將視線集中於教官與同學身上，但見這同學在雙足離地時掙扎一下，立時面容由蒼色轉為白色，毫無半點反抗力，差不多氣絕了。隨即就地施以人工急救法，幾分鐘後，這位同學才悠悠地復甦過來，總算在閻王跟前翻了一個觔斗回來。事畢，戴氏當場宣佈：「這便是所謂『行動表演』之一。」同時，又向學生們提出警告說：「作為一個特工從業員，如果平時不能培養善良的德性，那麼，未來的行動，很可能走上無法無天的末路……」這話，足夠說明特工人員對於德性修養的重要了。

第十一章

軍統特工訓練的形形式式

上文關於「扼殺」的技術與現場表演的情形，經已述過，其次所要談的便是「刺殺」了。所謂「刺殺」，只是一般行刺殺人方法之一，其技術比扼殺較容易，故對於遴審人選的條件也比較寬。不過，刺殺卻不能和扼殺那般可以隨時表演的。原因是：扼殺只是控制對方的氣管，在一定的時間內，呼吸雖然停止了，用人工呼吸急救法，還是可以起死回生的。至於刺殺，則須將刀插入人的身體肌肉內，而且在插入後，肌肉立即會將那刀緊緊吸住，非用相當的力不易拔出，所以在一般刺殺的習慣上，拔刀時，必先將刀身撬動，或旋轉一下，然後拔刀。可是，這麼一來，刀雖拔出了，空氣卻從罅隙中進入肌肉內，對方立即倒地無救了。歷來訓練班中，對於「刺殺」這一科，其技術與理論，僅有口頭上的講授，卻從沒有表演過，其原因即在此。如果真要表演，那就非當場出彩犧牲一條人命不可了。

一、關於「刺殺」的技術

這裡所述的「刺殺」，並非如武俠小說中寫的那些：「飛刀飛劍，百步之外，取人首級」的那麼神奇；更非如新聞報導中所說的：「某一神經病漢猛揮著刀，亂砍亂殺」的那麼失常。這裡說的「刺殺」，在技術上須經過專門訓練，在工具上是特製的一種小刺刀，其形狀和古代的匕首相彷彿而略小，其構造自然比較進步的了。刀的長度約六英寸以上，刀鋒長約三英寸半至四英寸，柄長約二英寸半，闊約一英寸二分，刃尖尾闊，刀口兩面開鋒，全用精鋼鑄成，鋒利無比。鋒與柄的銜接處，有一圓孔，用時，柄的末端抵於掌心中，中指則穿入孔內，如是兩力緊緊相扣，即使臨時遇著個中能手，也不愁將匕首奪去了。刀鋒的中間（兩面）各有一道凹入的槽，這和步槍上用的刺刀一樣，其構造原理，取其容易透入空氣，致人於死而已。

刺殺的部位，自然是選人體要害而便於下手之處，即兩脅側、肋骨與胯骨間空軟無骨的所在。本來刺殺只是百年以前刀槍劍戟時代使用的方法，早已落伍了，但在特殊的情況下，仍然有其使用的價值。因為槍擊和扼殺，處處都受著環境的限制。換言之，它必須於僻靜無人處方可下手，不若刺殺可以隨時隨地進行，雖在稠人廣眾中或熱鬧街道上，也一樣不妨事的。

一個諳練的行動人員，只要他認明了真正的對方時，他會利用各種方法機會和對方接近，即使對方是在熙來攘往的大道上，他可裝成熟朋友一般與對方並肩搭訕，就在對方這一錯愕間，出其不意，迅速地已將匕首插入對方的要害——腰間，一面喝唬著「禁聲」，對方驟不及防，遭此暗算，刀已深深刺入，生死迫於俄頃的一念之間，出聲則立致死命，不則還有一線生機。然而，人總是有求生慾的，何況在驚惶失措中，自然噤若寒蟬，聽人擺佈了。這時在旁人看來，還以為他們是好友並肩談心，其實對方正負著傷、帶著刃地被人強挾著走哩！因為，這種刺殺，只要不將匕首拔出來，還可以支持一個短暫時間，行走一段路的。這樣他盡可以從容地到達適當地點將對方放倒，然後逸去。

二、「槍擊」的神祕傳說

「槍擊」只是以短槍行刺而已，在技術上，只要射擊準確、命中率高就行了，原不需要多做介述的。不過，特工人員所用的槍枝，歷來就有許多的神祕傳說，有的說是特製的，也有說是無聲的，其實，這都是受了那些惡意的宣傳。抗戰初期前，軍統局發給各地工作人員使用的槍枝，是德國造的馬牌左輪，這類左輪，一般軍人多使用，並非特工人員的專用品。迨至中美合作所成立後，一律改用加拿大造的曲尺，其構造與形狀，和勃朗寧很相似，大小則和三號駁殼差不多，口徑則大過七九步槍（多少釐米，已記憶不清了），配著達姆彈，彈頭開花，彈著點的殺傷力極大。在熟練技術高明的行動人員，發射時可用方法控制聲響，但也只是減低響聲，絕不可能全無聲息。

當年「西南聯大」李公樸、聞一多刺殺案，中共就曾利用做惡意的宣傳，說是國民黨的特務，用無聲的槍刺殺的。其實，究竟是誰的兇手？誰的主使？至今還是一樁疑案。但所謂「無聲」的謠言，也許就因此而傳開了。

三、「爆破」一門最危險

訓練班中雖設有「爆破」一科，選習的卻特別少，其原因不在於技術上的困難，而在於危險性太大，因之都以習此為畏途。凡習爆破的人員，必須親自裝置爆破器材，在未裝置前，須先將爆破目的物的種類、堅度，予以正確地估計（如鐵道、橋樑、涵管、房屋、防禦工事等，其所用的建築材料如鋼鐵、水泥、木材、土石等），而配以適當份量的TNT炸藥，裝妥鐳管。再視環境的難易、時間的緩急，或用點火（導火索），或用電發（通電），或用壓發（壓力）三種方法爆破之。

在這三個方法中，最安全是點火，但不易爭取時效；其次是電發，但不易得此地利；壓發對於時效和地形都可克服，但裝置和使用的人危險性最大。因為壓發器材的裝置，鐳管和信管，僅僅隔著一層極薄的安全隔離片，只須一拔安全片，立時爆炸起來，直和閃電一般，其快無比，任何身手敏捷的人，也難逃出爆炸力的範圍，只好以身相殉了。

筆者在抗戰期中，曾見許多富有經驗的爆破指導人員，每遇裝置壓發爆破器材時，總是戰戰兢兢地誠惶誠恐，有時心情緊張得連手也不禁顫抖起來，甚至有的正在裝置中，偶一失手，只聽得「砰然一聲」巨響，便體殘肢斷血肉模糊了。

因為有這些慘劇，儘管爆破工作人員，當他們每次完成任務之後，照例有優厚的獎金可領，但畢竟太危險了，選習這科的還是越來越少。

四、「情報」是中心工作

行動組除上述的扼殺、刺殺、槍擊、爆破等工作外，還有下毒、綁架等一類的方法，但這不需要任何特殊訓練，常人也可做到的事，因此，在訓練班中，也從未專設這門科目。事實上，「軍統」的工作重心，還是擺在情報方面。「情報」二字的釋義，即內幕情況的報聞，「情報工作」，自然是發掘他的人的祕密內幕，報聞上級了。「軍統」既以此為其工作重心，訓練班自也以此為其設立的基本目的了。

情報工作，分蒐集與編審，而郵電檢查等，自也屬於蒐集之列。蒐集情報主要課程為「情報學」、「心理學」……而實際注重的，還是觸覺的靈敏與智慧的運用等訓練，至於外間所傳的一些「特工鬥爭藝術」等等，那只是偵探小說一類的神奇之說，連我這個「局外人」也騙不到，只令「局中人」在一旁冷笑而已。情報是要盡一切可能發掘人家的祕密，其搜索方法，自不能和採訪新聞那樣，一見面就開門見山地直接詢問，這樣，不但所得來的資料不會正確，而且最危險的是輕易暴露了自己的身分，這是從業人員引為深戒的。然而，做主觀的臆斷嗎？也是最犯忌而絕對不許可的。這時，只有採取兩種方法去進行：一是從多方面去做側面的瞭解與探討，而後綜合各方面所得的或同或異的資料，用純客觀的頭腦來下判斷；一是利用對方與對方關係人間的利害矛盾，找到對方的矛盾後，從口頭上的同情，以至於物質上的利誘……形形色色、各式各樣不同的方法，去擴大他們的矛盾，尋求問題的空隙，探索復探索，自然可以獲得一個相當的瞭解了。

但有一點特別重要的，判斷力必須握在自己手中，不可因片面的說詞，影響了本身判斷力。

五、蒐集雖難編審更難

特工人員的工作要求是這樣的：「只問目的，不擇手段；只許瞭解他人的祕密，不許他人知道自己一半點。」特工先決條件是如此，他們的不誠不信，不能說真話……在他們崗位上說，自然是天經地義的了。如果要想他們誠信無欺，除非如鄭介民說的「洗手不幹」才行，否則就未免太天真了。保密、守密，是特工人員不許違犯的戒條，也是他們自身安全的保證。輕易洩漏機密、暴露身分，這是何等危險的事！戴雨農為蔣先生所賞識與愛重，終於平步青雲，其始基即立於此——雖然倒灌胡椒水，也休想求我半句真話了。

蒐集情報固然甚難，而「編審」情報更是不易，所以在訓練期間，這門教程，是被視為非常重要的。例如寫普通文章，只要資料充分，著筆是不太費力的；編審情報卻不同了，資料越多，內容越分歧，矛盾越難統一，處理便越感困難。一個伏案的人，關在室中，要處理來自各方面從各個不同的角度和觀點調查所得的報告，事情只是一樁，而問題那麼複雜不一致，歸納起來，何者為主要問題？何者為次要問題？何者為附帶的問題？這就夠你去研究分析了。在這關鍵中，如果稍有出入，則差之毫釐，謬以千里，其後果不是造成冤獄，便是貽禍無窮。

編審的方法，第一步將報告中的浮文瑣句，先行刪去，以免編時為原報告意見所左右。第二步以純客觀的態度，綜合內容的重點，扼要提出事實。這樣，一切繁蕪盡刪，不再令人眼花撩亂，上級所看到的，只是赤裸裸的一樁全盤事實，上級自易做正確的判斷和最後的決定了。

六、郵電檢查花樣繁多

郵電檢查，是蒐集情報的一項輔助工作，自亦有其重要性。先說「郵檢」吧，如果一個未經訓練的人初任檢查工作時，真有茫然無所措手之感。因為任何一個設有郵檢處的都市，集散的函件都是堆積如山，如果必須一一拆封施以檢查，僅憑幾個人的時間、精神，是萬難辦得到的。那麼如何著手呢？在訓練期中會將方法講授著：首先是將所有函件分成若干類，如黨、政、軍、學校，公法團體、工、商、居民，及其他等等，就原有的人數去分擔，這樣就可以化繁為簡了。

但函件檢查時，必須經過拆封，拆封後是不許遺留痕跡於信封上的，因此，拆封的技術就有研究的必要了。信封的紙質種類繁多，如果是道林紙的西式信封，封口粘的是膠水，這是最容易拆的一種。還有土製的信封，紙質是用毛邊紙加連土紙裱糊而成的，原極容易破損，如果加上用米飯封的口，那就夠麻煩了。因為，需要檢查的函件，在未拆封前，須先經過蒸氣的蒸發，使其粘質隨著水份蒸發而去，自然一拆即開了；但用米飯封口處，蒸發後隨之縐縮，任何拆封妙手，亦必要留痕，唯一辦法，只有改由漿糊粘貼的另一端或從信封腹部交口處去拆，才不至於損壞，這是普通拆封的一種。

此外，還有特製的信封、保險信封等，有的在封口上加塗火漆，火漆上加蓋印鑑。再有先用縫紉機將封口車上，然後重加火漆，這類的拆封，就煞費周章了。如果不拆封改用紫光燈照射的話，依然是難檢出其中究竟來。原因是，這類的封套，必然是用黃色重磅的牛皮紙製的，有的裡面還襯上一層藍色的蔽光紙，這樣，就連紫光燈也失其作用了。唯一只有模製印鑑除去火漆的辦法了。更有一些狡獪的人，在裝封時，施用些少漿糊粘在信箋的一角上，使信箋粘著信封內部，抽出時，偶一不慎，便會留下一些令人不甚注意的損跡，這一方面，其作用在使收信人知道來信是經過了檢查的，爾後他們便會立即變更通信路線或改用其他方法，避開檢查。

審查內容的方法：從字跡的好壞、詞句的通順或含糊，兩相對照一番，有訓練、有經驗的郵檢員，對於這信有無毛病，很容易地辨識出來。如認為有可疑時，便將其內容以及發信人的姓名、地址抄錄下來。儘管不法的通信，其收發雙方的姓名都是化名，也需要如此辦理，以備查考；原信卻仍須照常放行送達，好讓他們繼續通訊，從這些繼續通訊中，再進一步發掘他們的祕密。抄件則送由情報單位去展開調查，做更詳盡的瞭解。

漏格通信的方法，由收發信人事前制定不規律的漏格格底，雙方各存一份，在通信時，先將隱語寫出，再將字句排開，就中間雜著一些通候話或商品名稱、價目之類的字眼，使之成為一種極平常、極普通的問候信或商業上的往來信。收信人收到信件後，只要將格底覆在來信上，遮去不要的字句（即一些不相干的通候、報價詞語），他們要說的祕密話，便完全顯在眼前，一望就明白了。

化學通訊和漏格通訊，意義與作用很有相類似之處，目的都在避免檢查人員發現個中祕密而已，所差別的，只是收信人於收到信件後，用碘酒塗於信箋的空白處，密語就馬上呈出現出來，如果不用碘酒，或臨時找不到碘酒的話，可放在煤油燈旁邊烘焙一下，同樣可以現出字跡來。至於發信人用什麼東西寫的，說穿了實在簡單不過，一般使用的多是一種普通的液體，如礬水之類就是一種最經濟、最便利不過的東西。上面所述的，是屬於普通簡便的方法之一。如果是化學劑所寫的，化驗時，就非使用特製的化學劑不可了。

七、研譯密碼與製訂密碼

「編審情報」固然是件繁難工作，而「研譯密碼」卻也是件艱深工作，其困難的程度，正在伯仲之間，未可輕易軒輊。前者之難，難在選要點、抓重心；後者之難，難在於構想、創造。這是特務機關中，內勤工作的兩大支柱。「密碼研譯」具有「消極」與「積極」的兩項作用：消極方面，是本身的「保密」；積極方面，是敵情的蒐集。

先從積極來說：如所周知，任何一個特務機關的總電臺，經常都會指派專機（電臺），負責向敵方「打游擊」。所謂「打游擊」，乃圈內人的術語，即運用自有的電臺，去截收一些和本身無關連的音波、音符，作為研究、瞭解敵情的線索與樞紐。其方法將每次收得的音符，照原來各別組合的段落，抄送研譯部門，做精細縝密的研譯。這些音符，儘管是零星片段、一鱗半爪的，但精研深思的研譯人員，自然會從這一鱗半爪的蛛絲馬跡中，得到敵方若干珍貴的資料，此其一。此外，還可測知敵方電臺的潛伏及其潛伏的大概方位，從而加以破獲；同時更可播放干擾電波，使敵方收發祕密電訊，受到破壞的干擾，此其二。

其次「消極」方面，便是如何制定密碼和使用密碼本了。舉例來說：如軍隊的「軍」字，在特定的密碼本上，角碼為「三二六」，再按先橫後直的順序，本位在橫為「四」，在直為「七」，那麼「軍」字密碼的組成，便是「三二六四七」。這在尋常看來，任誰也不知是個「軍」字，其「保密」的作用即在此。

然而，所謂「特工戰」，完全是智慧與技術的鬥爭，這個密碼如果一成不變地沿用下去，極可能在十次、八次以後，這個機密，便會輕輕易易、赤裸裸地擺在敵方的工作人員案上，不成其為祕密了。因之，在針對上述情況，籌策本身安全的設計下：必須將密本的碼角，製成若干種不規律的碼表，分為逐日輪替使用，或單雙日交互使用。同時，再將電碼本上本位的阿拉伯字，也同樣先橫後直，或先直後橫顛倒使用，使敵方在似是而非中，捉摸不定。等到他們精研得稍有眉目時，則或時效已失，全局已改，密碼本已換，又要重來捉迷藏了。

至於密碼本使用的期限，通常是半個月至一個月之間，必須更換一次，其廢棄的碼表，應即立予徹底焚毀，以免洩漏資敵探索。其次是配屬的電臺，必須要巧妙地配合，其收發報的時間與潛伏的方位，乃至報務員收發報時的聯絡暗號，也同樣要經常加以變換。

八、電檢工作較郵檢單純

上面所述的，只是就潛伏敵後的情形，具體而微地概略言之。事實上，特務工作，神出鬼沒，勾心鬥角，千變萬化，爭勝利於毫髮之間，瞭敵情於千里之外，則全視工作者如何運用高度智慧與毅力，去應付那些錯綜變化的環境。所謂：「運用之妙，存乎其人。」只可意會，不可言傳，雖欲解說，亦非三言兩語所能詳盡的了。

至於「電檢」，雖與此同一作用，但比「郵檢」等技術上要單純得多，檢查人員，只須一看電文內容，字句中如果沒有什麼可疑之處，自然盡可放行。原因是政府頒有明令規定，除了高級軍事機關部隊和其他一些特定機關，得以拍發密電外，任何私人是在嚴禁之列的。即如上述機關部隊要發密電時，也必須持有軍事委員會、軍政部和抗戰時期的戰區司令長官部蓋有關防的發電紙（通稱印電紙），否則，便以司令長官名義，電訊局也必然會謝絕的。因此，「電檢」便成為「郵檢」的附屬工作了。

此外，關於盯梢、化裝、攝影、駕駛等，雖亦有其技術，但在今日稍具修養的電影明星，也能熟悉這一套，對於特工從業人員，自然是基本技術，成為他們訓練班中的必修科了。

九、胡靖安與特工訓練班

由於這種工作，需要機智、敏銳、識解力高、判斷力強，當做君子時，則儼然君子之至，當做小人時，則十足小人之尤，因此，在訓練期間，除了正式功課比較嚴肅緊張外，其課外的生活情趣，卻也五花八門，輕鬆活潑。蓋在目的上既欲養成一批英雄義士、文武雙全之流，而在運用上卻又須三山五岳雞鳴狗盜之輩。所以在「軍統」中，人才既盛，而流品亦至複雜，碔砆珠玉，應有盡有。戴雨農「名滿天下，謗滿天下」，其名之來也由此，其謗之至也由此。這是後話，下文再談。

且說胡靖安雖是個中文尚未讀通，而且兼有一點神經質的妄人，但據一位和他有著很深淵源的朋友說：胡靖安是小有才而帶有「阿Q型」的人物。當他替戴雨農主持訓練班的教育時，卻也有其獨特的一套作風：他在學生們課外活動中，經常帶著男女學生和各級的教官、隊長，齊集廣場，師生同樂。有時利用各種機會，來考驗學生們的機智、膽識，也鬆弛學生們的緊張情緒，鼓勵著學生們追述以往得意的傑作，大膽提出各種各式的怪題。……青年人原是極好事的，經他這一鼓舞，自然大家興高采烈各就各的得意往事公開出來，言者既眉飛色舞，聽者也鼓掌稱妙。

這類的小玩意兒，看來只是一種嘻嘻哈哈的遊戲，卻也頗含有一種教育性的啟發作用。下面便是我那位朋友所舉出的幾則趣事，特此記述如下，以供讀者們茶餘酒後的一笑。

十、挨了老闆娘一記耳光

據說有位調訓的的學生夏××，就曾講述過這麼一幕親身主演的滑稽趣劇，其始末是這樣的：

當他在一年前擔任贛北行動單位工作時，某次，上級突然接獲情報，說敵人剋期大舉掃蕩修河北岸，情勢非常嚴重，於是一道命令派他去做緊急傳達，連夜出發，通知那地區的工作人員，盡速全部撤入安全地帶。他只好急如星火銜命而行。但這一段路足有七十里之遙，而且有五十里是在崇山峻嶺中，行行重行行，一口氣爬奔了四十餘里。時間已經午夜，星光、月色俱無，他這時實在精疲力竭不能再跑了，同時又在淪陷區，夜深人靜，路途生疏，卻也不能再莽撞地多跑了。於是在山區中找到一爿小宿店，摸索進內投宿，地方既然狹小，臨時歇客又多，到處橫七豎八的無一片隙地。櫃房間，一燈如豆，房門虛掩，他走近前一瞧，店老闆娘正抱著一個嬰兒，酥胸微露地臥在床上哺乳。恰巧門旁還遺有一片無腳的竹床，他於是輕悄悄地溜進去滿想搬來睡覺，不想足下一不留神，碰到了東西。老闆娘驚覺了，爬起床來，不由分說地一掌摑來，清脆有聲，直摑得他眼睛爆火，臉孔熱辣。但一想自己的理虧，也不能在此緊急關頭輕易惹事，只得摸著臉自認晦氣，返身退出。

有個大漢，正睡在櫃房外的天井邊，鼾聲如雷。他靈機一動，隨即發出一聲重咳，順手給那大漢臉上一掌，大漢被摑痛著醒了，他卻從黑暗中溜出門外，只聽大漢破口大罵：「你媽的！為啥打老子？……」這時老闆娘似亦餘怒未息，忽聽外面穢語粗言，以為剛才被摑的人在做報復性的罵她，急忙跑出櫃房，厲聲斥道：「該死的東西，黑夜跑進櫃房來，還打差了你？……」因此，一個遭殃，一個誤會，兩人都被蒙在鼓裡大聲瞎鬧起來，幾至動武。

宿客全被吵醒了，於是做好做歹將他（她）兩人勸開，等到風波平息後，大漢的臥具已不知哪兒去了，只好忍氣吞聲，坐以待旦。

十一、教育長訓話自討沒趣

上面所述的，是一段謔而又虐的促狹故事，滑稽生動，有聲有色。但從他的行為動機來說，便可瞭解一個特工的全貌：當他為著事實需要時，他會毫不遲疑地使著種種的勾當，只問目的，不擇手段了。因此，如果有人要責特工人員「相見以誠，相守以信」的話，那無異是緣木求魚。

抗戰初期，「軍統」對圈內工作人員和學生，曾有明令規定：未婚者暫行嚴禁結婚。理由之一，在滅除工作人員對家室的牽累，免得影響工作；理由之二，則在防範女間諜的滲入，從事竊取祕密。這在抗敵禦侮、忠事國家的觀點上，自亦有其理由在。可是訓練班中，有男有女，切磋廝磨，毫無顧忌，人非草木，孰能無情，日子一久，兩性相吸，自不禁談起戀愛來。有位隊長段××、女生湯××就在這情形下，雙方熱戀起來，事情終於鬧穿了。胡靖安身為教育長，雖然平時很有傻勁、有擔當，但對這煌煌功令，自也難故作癡聾，於是一對情侶，分別被關在禁閉室中，無法再卿卿我我了。釋放後，段外調，湯因是學生，胡靖安照例要召去訓勉解說一番。下面是胡、湯二人一段對話，說來頗足令人發噱。

胡靖安問：「湯××！妳知道妳這次所犯的過失嗎？」

湯××反問著道：「食色性也，聖人不以為過，我何過之有？如果要說有的話；那不在我，在上帝，為什麼當年要造亞當和夏娃？」

胡聽了這一反問，弄得啼笑皆非，無法作答，湯悻然而退，一時班中傳為佳話。後來段、湯二人，終於有情人成了眷屬。此外還有一些形形色色的趣事，附帶寫在下面：

十二、女生有例假原來如此

訓練班中有位姓劉的同學，素有俏皮搗蛋之目，同學們都稱他為「鬼靈精」。一次，課外作業時，胡靖安正當踱到他身邊，準備看看他的作業，劉突然地裝著一副鄭重其事的樣子，向胡提出詢問：

「報告教育長！女生大隊的值星官報告人數時，經常總有例假一項，例假是什麼假？」

胡靖安說：「例假是照例應該休息。」

劉××又問：「男生怎麼沒有？」

胡佯作發怒地斥道：「搗蛋鬼，你們當然沒有！」

劉又帶著辯論的口氣追問道：「就算我搗蛋，沒有，所有的男同學難道都搗蛋嗎？」

胡搖手作勢解釋著道：「不是，不是！她們是月……」說到「月」字卻不便再往下說，突然頓一頓又掉轉語調說：「她們是因生理關係，不宜操作。」

劉××：「呵呵！……」

全體男生隨著劉××的「呵呵！」一聲哄堂大笑起來，女生們忸怩著羞得不好意思抬起頭來。從此，男生們促狹女生時，老是以「幾時例假」相詢？女生們常常被問得啼笑皆非。

十三、因事制宜增設四個班

「軍統」所有的內外勤工作人員，初期係以軍校同學為骨幹，「復興社」的同志為輔助，其後設立訓練班，人事便逐步地新陳代謝，於是各期訓練班的專業人員便成為主流了。訓練班先後辦有八期，計：第一期，設湖南零陵；第二期，設甘肅蘭州；第三、四、五期，設貴州息烽；第六、七、八期，設福建建甌。抗戰勝利後結束，即軍統內部簡稱的零、蘭、息、東南班等是。同時，這八期學生也被視為軍統的正統。抗戰期中，由於事實的需要，工作的展開，於是因事制宜，臨時增設有：高幹班、參謀班（包括聯絡參謀）、查幹班、外事班……其設立的原因與作用，簡述如下：

「高幹班」是專門為著各地一部分工作能力優強的人員，既未曾參與正統訓練，又非軍校出身，於是特設高幹班，藉以提高他們在軍統內部的學歷關係與工作地位。

「參謀班」乃將原有軍事學籍人員，施以短期的參謀作業訓練及部分特務工作基本學識，而後按其期別、經歷的先後深淺，分別介派各軍師部隊中，擔任參謀長、參謀處長、主任、聯絡參謀等類的工作。這是中央在「政工人員」未能全部控制軍隊前，一項深謀遠慮的設施，目的在使這批參謀人員，逐步伸展滲入各部隊中，祕密地控制著軍事。

「查幹班」是為適應緝私工作而設立，原本與軍統是分開的，工作上亦無若何聯繫。但因戴雨農兼任財政部緝私署署長關係，於是也把它們和高幹班、參謀班等一視同仁，其實是不相統屬的。自戴氏交卸緝私署後，這批人員，多數被遣回轉業了。

「外事班」是為適應遠征軍的需要而設立的，表面工作為翻譯，其實與聯絡參謀，同樣負有特務的使命。

十四、工作有公開祕密之分

上述幾個單位的人員，與軍統所屬的各級人員，其工作性質雖有部分相同，其身分卻截然兩樣：前者是屬於公開身分，擔任公開部門的工作，而後者則屬於祕密身分，擔任祕密部門的工作。因此，軍統內部對於這兩部分的人事、行政，也分由兩個部門執掌：祕密工作人員的人事，屬於局本部的第一處，他們則屬於第二處，其劃分是相當嚴格的。即如軍統原有直屬的任何工作人員，其祕密崗位一經改調為公開崗位時，人事卡片，馬上由第一處送歸第二處掌管了。由此可知軍統散佈於公開部門的工作人員，人數之眾。

抗戰初期，軍統所負荷的工作，是相當繁重而艱鉅的，因為那時軍統成立未久，人數不敷分配，人事未臻健全，設備僅具雛形，技術、經驗亦不夠老練，在這種種劣勢的條件下，一旦竟與世界一等強國的日本軍閥交手，展開地下工作鬥爭，舉凡人事的安排、工作的指導、人才運用、幹部的培養、敵後潛伏工作的佈置、對內對外的應付等等，雖有鄭介民諸人相助為理，但戴氏原是個極強個性的人，無論大小事務，一切都要自己作主，不肯輕易假手於人的，自然處處感到捉襟見肘了。話雖如此，可是戴也有他的一套，他肯花錢，他善利用人，因此，儘管在這艱窘階段中，卻仍能表演出幾樁「亂世行春秋事」的傑作。如眾所周知的洩漏封鎖長江日艦祕密的黃濬，如唐紹儀在上海被斧劈死案，這都是戴氏直接派遣幹部執行的。就中唯一的吳佩孚被毒斃案，卻是利用金錢，假手於一位女太太去下手的；這樁巨案，不僅在當時是極端祕密的，即今事隔二十三年，知道這件祕密的人，卻還是少之又少，留待以後再向讀者報導吧！

第十二章

戴雨農如何破獲黃濬賣國案？

「蘆溝橋事變」起，繼之又有「八一三」事件，中央為取得舉國一致的抗敵禦侮，特召開廬山會議，邀集各黨各派領袖以及資深望重的社會賢達，濟濟一堂，共商國是。由於這是國家民族存亡關頭之所繫，因此，無論是與中央貌合神離的也好，甚至原來反對中央的也好，至此，都化除成見，共赴國難；即如當時久與中央疏遠隔閡的廣西當局李宗仁、白崇禧，也先後專程晉京，表示擁護中央抗戰的決策。其時人心憤激，士氣昂揚，可說是空前未有。於是中央最高當局，乃有「和平未到絕望時期，絕不放棄和平；犧牲未到最後關頭，絕不輕言犧牲。」昭告中外的宣言發表。

一、「小諸葛」建議封鎖長江

等到和平絕望，淞滬戰起，中央最高軍政當局為研討政略、戰略和對敵作戰的大計，乃一再召集重要會議，以資詢謀僉同，一致的決策。但為著避免日機的轟炸，開會地點都是臨時通知。

有一次，蔣先生以最高統帥資格，特在中央軍校官邸中，召開軍事祕密會議，出席的人有汪兆銘（行政院長）、馮玉祥（軍事委員會副委員長）、何應欽（軍政部長）、白崇禧（副參謀總長）等七人。席間除討論到有關政略、戰略的配合問題外，那位素有「小諸葛」之稱的白崇禧將軍，即席建議著說：「日本悍然不顧一切，蓄意侵略我國領土，其曲在彼而直在我；現在敵軍留泊在長江各埠的兵艦，自上海以迄宜昌，不下數十艘，如果在江陰那一段江面最狹處，予以封鎖，然後逐個加以消滅，則敵軍雖強，插翅也難飛遁，必然成為甕中之鱉無疑。是則兩軍初交，敵人即已遭受一次嚴重的損失與打擊了。」蔣先生和與會諸人，聽了白崇禧這一番計劃，大家同聲讚好。於是，計議決定，由負責會議紀錄的黃濬記錄下來，由軍事委員會執行。

當天晚上，軍委會正連夜忙著，分別電令長江兩岸駐守部隊集中重武器，對準江心，沿岸截擊，見有敵艦即予以擊沉。一面又調集較舊的船艦，開赴江陰，沉於江底，加以堵塞。此外，又通飭沿江各地方政府予以戒備。……

哪知電令發出的第二天，日本所有泊淀在長江中游、自武漢以下的艦隻，竟於一夕之間，齊夜全部撤退到吳淞口外了。當局得知這一消息後，大為震驚，這顯然是封鎖計劃的祕密洩漏了。

於是，蔣先生便密令「軍統」進行嚴密追查，務獲破案。

而參加會議的諸人中，自當以擔任會議記錄的祕書黃濬最為可疑。於是，「軍統」一面展開蒐集有關資料，一面指派專人對黃祕密跟蹤，在「軍統」全力偵查之下，經過了相當長的時間，終於將這出賣國家民族的祕密奸謀破獲了。

二、利令智昏黃秋岳賣國

原來黃濬號秋岳，文章詩詞，都頗負時譽。那時他任行政院長簡任祕書，參與機要，地位雖不高，職務卻極重要。但黃的為人，雖然出身寒素，卻有著揮金如土的名士習氣，奢侈享受，物質慾極強的人。那時一個文職簡任官，月俸最低可以拿到銀洋五六百元以上（約合現在港幣二千元），但他還是入不敷出。日本特務機關，因他參與機要，便針對他這一弱點，不惜利用金錢來收買他，這是近五十年來日本對華一點的手法，自然很容易地的一弄就上鈎，終於做出了出賣國家民族的罪行。

由於黃是中國政府參與機要的祕書，日本特務機關，也就指派高級特務經常負責和他聯繫。他們祕密聯繫和傳遞情報的方法很巧妙，彼此不需要打招呼，更不需要對坐交談，只要事前約定好時間、地點，去某一處品茗或進餐，雙方面戴著同型、同顏色的呢帽，從各個不同的地點去赴約，到達了之後，各將自己頭上的呢帽，向衣架上一掛，彼此若無其事地各飲各的茶或進膳，臨行時，對方便故意戴著黃的呢帽，大搖大擺地離開約會的地點去交差了。如果有人發現，他們盡可說是偶然的誤拿，何況同型同色，也無人能夠精細地注意到這上面來。這樣，神不知、鬼不覺的祕密勾當，也不知有過多少次了。

可是，「軍統」派出的專人，跟蹤了好幾天，雖然黃濬在公餘之後，進進出出的或赴約會，或探親友，卻始終找不到一點可疑的線索，也沒有見他和什麼陌生的人接近過。可是，在這幾天來，中樞的另一祕密，又在日本的廣播電臺公開宣洩出來。這一來，直使中央最高當局和戴雨農為之滿頭霧水、困擾迷惑極了。但對黃濬卻不能不加深了懷疑。

三、兩頂呢帽是破案關鍵

中樞在這困惑的情況下，「軍統」方面不能不尋求特別的方法加緊破案。於是戴雨農一面晉謁蔣先生，當面請求中樞再舉行一個假的祕密會議和假的議決案，仍然由黃濬列席負責記錄，且看未來的反響如何；一面又指示跟蹤人員，加緊嚴密而深入地注視黃氏的一言一動，乃至衣服鞋帽的更換都注意到。果然，這一嘗試應驗了。就在會議的當天晚上，黃濬獨自一人，坐著黃包車去到國民路一家小館子——「五味和」進餐了。「五味和」雖然是家小館子，可是烹調廚饌甚精，經常是座上客滿的。黃氏到了以後，樓上、樓下的小廳裡，已座無虛席，只外面的大廳還剩有三二個座位空著，但黃氏卻不即去坐，兀自站在大廳口等候著，這已使跟蹤人員訝異了。不久，西邊的第二個小廳，已空出了座位，跟蹤人員滿以為他總該進去了，誰知黃氏仍然兀立著不動。直到東邊的後廳有了空位，他才笑笑地進去。於是，跟蹤人員也裝成食客模樣跟即走去，一面注意黃的行動，一面選了一個空位坐下。但見黃氏一進門便逕走到衣架旁將頭上的呢帽掛上，最奇怪的是，當黃氏掛帽時，那衣架上已先有一頂同型同色、一模一樣的呢帽在，兩頂呢帽擺在一起，簡直無法分辨得出來。那位跟蹤人員看在眼裡心中兀自盤算著，看他下一行動怎麼樣？

黃氏入座後，照例點菜吃飯。此時，另一座上已有一位個子不高的人，起身付帳，隨即走到衣架旁邊將黃的呢帽戴上，回頭向黃打了一個照面，黃亦微微點首示意，眼斜瞟著那人走出去了。跟蹤人員心下更加明白，這明明是黃的帽子被那人戴走了。而且在那人戴上帽子後，他們還打了一個照面，如果說是一時拿錯了，黃一定會打招呼阻止著，現在很顯然地，他們利用一模一樣的帽子做著假包換的把戲來傳遞祕密情報了。跟蹤人員本想立即追出去，將那矮個子加以逮捕或搜查，但一轉念間，覺得線索既已找到，人也認清了。不怕他們飛到天外去，還是將這新發現報告上級決定後，再下手不遲。

四、對內保密軍統第一功

戴雨農獲得這一報告後，當即加派人員，並指示下手破案計劃。數日後的某一下午，黃濬又獨自一人到新街口中山路「安樂酒家」赴約了。這時跟蹤人員已增至三人，黃氏一進入「安樂酒家」後，又和上次一樣地先將那頂呢帽掛在衣架上，更奇怪的是，衣架上又已先有一頂一式一樣的呢帽在那裡，而且那個矮個子也又在另一座上。跟蹤人員彼此交換了一個眼色後，其中的兩位卻也各將一頂和黃氏差不多的呢帽掛在衣架上，一時衣架上竟有了四頂同樣的呢帽了。他們三人隨便叫了一些點心吃下，便匆匆地跑到衣架旁故意將黃等二人的呢帽戴著走了。出了「安樂酒家」，他們急急地將帽子一檢查，果然帽子裡面的皮邊上夾著一封信，拆閱之下，不消說，自然是祕密情報了。

他們三人得到真憑實據之後，立即會同埋伏在「安樂酒家」附近的行動人員，在路口守候著，不到半個鐘頭，黃氏和那矮個子先後雙雙被捕了。後來黃濬被解到法庭訊鞫時，由於證據確鑿，自然是俯首無言，甘願認罪。可是那位承審的法官故意問他：「日寇侵略我們，無論男女老幼，都抱著同仇敵愾的心情，一致起而抗日，你為何甘心做此出賣國家民族的勾當來？……」黃的供詞是：「家裡人口多、負擔重，總是入不敷出，迫而出此下策。……」以一個月收入五、六百銀元的簡任祕書，竟然會因生活而做漢奸，這當然是他的遁詞了。黃的罪證經過審訊明確後，隨即宣判死刑，予以槍決，於是，這個轟動一時的封鎖長江日艦大間諜案，全部揭露了。這是抗戰時期，「軍統」在對內的保密工作，所表現的第一幕，而黃濬也就是漢奸中伏法的第一人。

五、物傷其類梁鴻志賦詩

當黃濬伏法後，他的好友梁鴻志還寫了四首詩悼他。論梁鴻志與黃的詩，在當時可算是一時瑜亮，但就其立言主旨來說，卻已很明顯地現出漢奸的面目。由於這幾首詩，外間知道的並不多，特為附帶寫出來，其詩如下：

其一：

青山我獨往，白首君同歸。樂天哀王涯，我亦銜此悲。王涯位宰相，名盛禍亦隨。祕書非達官，何事而誅夷？方君授琴頃，正我行樂時。聞報輒蹶起，膚栗淚有縻。不見才浹旬，別日猶談詩。秋燈照無睡，詩面吾能思。

其二：

媚學同所趨，論政久殊鵠。何嘗真我異，曲折赴微祿。卑位本易容，食貧亦堪哭。終致殺其身，使我立于獨。孅兒家自壞，寇至國屢蹙。干卿果何事？縛去就駢戮。亂邦不可止，惡名遂相黷。死者而有知，阿鶩嫁宜速！

其三：

京師識君始，我弱君未冠。相知三十年，見君遽及難。君才十倍我，海水無畔岸。詩成眾皆眩，珠玉雜錦緞。今年序我詩，儷語極褒讚。君詩亦殺青，身死事遂渙。收稿等收君，什襲防散亂。一士此哀音，如國有京觀。

其四：

生死亦寒素，用財猶泥沙。世議每見侵，吾不汝疵瑕。受金事有無，一瞑萬口嘩。古來娶孤女，婦翁恆見撾。頗聞對簿時，牘背書如麻。一死不相貸，巢覆兒連爺。收骨久無人，國破遑問家？城門眼雖驗，愁見孀妻髽！

從這四首詩的格律說，自是相當高的，但所指的：「纖兒家自壞，寇至國屢蹙」、「亂邦不可止，惡名遂相黷」，和「干卿果何事？縛去就駢戮」，這時梁鴻志還未做漢奸，可是漢奸的語意，已躍然紙上了。這是題外之義，我們且不多談了。

第十三章

腥風血雨中的陳籙之死

黃濬以參與中樞密勿的機要人員，竟爾出賣國家的祕密，將政府最高決策——「封鎖長江敵艦案」洩露於敵人，使敵方停留長江大小四十艘艦隻，得以一夕之間，從容退出吳淞口外，「一日縱敵，數世之患」，其罪大惡極，自不待言。雖然這一大間諜案不久便經破獲，黃且因情真罪當而明正典刑，然而，敵人的力量多保留一分，則我無形中便弱一分；相反地，如果敵人的力量多削弱一分，則我於無形中強了一分。從雙方量的對比言，這一決策之遭受破壞，無疑地已使我方蒙受巨大的損害。否則的話，在敵我初次交手中，我如能以先聲奪人的態勢，一舉而將敵艦近四十艘全部予以消滅，相信敵人以後侵我的兇鋒，當不致那麼凌厲，而我國全面抗戰的過程與結局，當亦不致如是之創鉅痛深，只贏得一個「慘勝」！

一、敵偽時期「軍統」在上海

黃濬間諜案發後的幾個月中，平、津、京、滬相繼淪陷，戴雨農主持的「軍統」，面臨這些急劇發展的新形勢，對內的保密工作、對外的敵後潛伏工作的部署與建立，在在使他煞費心機。再加上淪陷區內，敵人利用一些失意軍人與政客，實行其「以華制華」的策略，先後在北平、南京成立偽組織，如民國二十六年二十月十四日利用王克敏、王揖唐諸人，組成偽「華北臨時政府」，二十七年三月二十八日，勾結陳錦濤、梁鴻志、周鳳岐、陳籙等十二人，組成偽「南京維新政府」。在中央方面，雖曾一再發表宣言，通緝賣國降敵的漢奸們，而在敵偽方面，更是一不做、二不休，不惜運用金錢和惡勢力，收買爪牙，為虎作倀，敵偽特工人員（尤其是收買的密偵），遍佈於淪陷區各大城市之每一角落，使「軍統」潛伏地下的工作人員，幾如置身荊天棘地中，簡直無法立足。這不僅對敵偽的情報蒐集工作，無法展開；即潛伏人員的安全，也刻刻成為問題。這時從敵後發出的「ＪＰＢ」暗號電訊，報告潛伏人員失事的消息，頻頻發生，就中尤以上海一區，情勢更特別嚴重。

原因之一是：上海為遠東經濟重鎮，也是敵偽勾結政治販賣的交易所，更是日本對華侵略政治軍事的大本營。其次是：上海地廣人稠，又有租界（直到太平洋戰爭發生後，才被日方接管），三山五嶽人物，無奇不有，深入社會各階層的幫會勢力、流氓勢力，較任何地區為複雜。再次是：敵偽收買當地流氓頭子常玉清，組織「黃道會」專門負責「軍統」潛伏人員和抗日志士，實行暗殺。由於上述的情勢如此，敵我雙方遂互相展開暗殺局面。但上海為日軍占領區，又有最著名土肥原特務機關駐在那裡，敵偽人員盡可橫行無忌，而「軍統」人員只能偷偷摸摸，這在客觀與主觀的環境上，自然形格勢禁，處處走著下風。戴雨農每次接獲這些不利的消息，總是攢蹙著兩道濃眉，有時支頤沉思，有時徬徨繞室，如何營救失事人員？如何重建工作據點？如何加強行動力量，來迎接更激烈、更慘酷的鬥爭？如何制裁賣國降敵的漢奸？……

二、曾X家成為狙殺專家

經過了三番四次的集議、研討，終於擬定了一個「加強各淪陷區敵後鬥爭計劃方面」，其內容仍包括情報、狙殺、爆破三大要點，而其實施步驟，則首在「以殺止殺」，先求得潛伏工作人員的安全，而後始能展開其他工作。基於這一要求，「軍統」乃於原有潛伏的人員外，一面加派得力的行動人員，一面儘量運用當地抗日的潛勢力，藉以加強敵後工作。我們試以上海一地而言：原已潛伏有「軍統」四大金剛之一的林之江和陳恭澍、萬里浪、王天木諸人（後來汪政權成立，全部投入七十六號），這時又加派了一位行動猛將曾×家潛赴上海，專責主持這一地區的行動工作。

曾×家出身福建一個書香世族，中央軍校畢業，雖然是個公子哥兒，但其膽識機智，在「軍統」中當是一位雄傑之才。其沉鷙處，有如老鷹盤空，一擊輒中；其活躍時，則又經常處身於豺虎群中，日與敵偽特工首腦周旋廝混於紙醉金迷、花天酒地中，而毫不畏怯。綜計他在上海的一段時間，一手所主持的重大狙殺案件，多至指不勝屈：如槍殺「維新政府」的綏靖部長周鳳岐於亞爾培路寓所前（此一案件之執行，乃戴雨農的特別命令，一方面以春秋大義加以制裁，另一方面則亦報當年倒灌胡椒水之仇也）；如狙擊「維新政府」外交部長陳籙於滬西寓所樓上；如斧劈上海市長傅筱庵於住宅中；如槍殺公共租界總探長陸連奎於中央旅館門口。……這些案件，在當時都曾轟動國際間。自然，在敵偽方面也不甘示弱，於是雙方展開殘酷的暗殺，而上海遂成為一座腥風血雨的恐怖城了。

三、謀刺陳籙先開香煙店

且說陳籙與梁鴻志、周鳳岐、陳錦濤等十二人，在日軍卵翼下，成立華中「維新政府」於南京，而實際上，他們所謂的「政府」，是在上海四川路橋北堍的「新亞酒店」內，因此，當時有許多人譏誚它為「旅館政府」，不但談不到百度「維新」，其實什麼事也沒有做。陳籙在「維新政府」名義上是外長，挈著家眷住在滬西。滬西因為本是越界築路，為公共租界警權所不及，素有「歹土」之稱。曾×家於奉到「軍統」命令：對勾結敵人的陳籙要採取嚴厲制裁手段時，立即設法將陳籙的住址、行蹤一一探聽明白，無奈陳的住宅，不獨建築堅固，而且內內外外都有日軍和他們收買的特務人員、保鑣等，守衛得非常嚴密，直使曾×家無計可施。但他們奉有「軍統」的嚴令執行，豈能就此罷手？終於在曾三番五次的偵察、研究之下，發現了一項值得一試的罅隙可乘；於是，他毅然把握這一可乘之機，做進行的嘗試了。

原來，陳籙身邊豢養的保鑣，全是清一色的山東人，每天無事的時候，這些鑣手們常常跑到陳寓左近一家小香煙店裡，嗑嗑牙、聊聊天；曾×家認定，只要設法將這些傢伙迷糊住了，則制裁陳籙當無異探囊取物。只是這些傢伙，用什麼方法和他們接近呢？他想到這裡，又覺得此路不通了！經過了幾天的思考，他忽然想到，北方人是最重同鄉觀念的，如果在同志中能夠物色一位山東籍的人，來將這爿小香煙店承頂下來，慢慢地和他們接近周旋，有了鄉誼，不露痕跡，自然神不知、鬼不覺的不會使他們起著疑心了。

四、新店主夫婦是老鄉親

於是，乃就他們潛伏在上海的各有關方面，到處物色山東籍同志，不久，終於被他找到了，而且是一對山東籍的夫婦。他既物色好了安排做釣餌的人物，次一步驟，便是進行盤頂這爿香煙店了。本來這爿香煙店已是有了歷史性的營業，一旦要他安土重遷，再打碼頭，自然不是他所願意的，但經不起曾的種種利誘。好在那時「軍統」的工作費是相當充裕，只要用得有效，上面是不會吝嗇的。商人重利，那位店主人，終於在銀彈功勢下，將店正式出頂了。而承頂的人，無疑地就是那對山東籍的夫婦。

商店易主，原是市場上極平常的事，何況新店主人，還是「山東老鄉」，說幾句家鄉話，聽來也比較悅耳，更何況這新店主夫婦，又是一副笑容滿臉、和氣生財的模樣。因此，陳宅的那些保鑣對於這位新店主，不但不感到陌生，而且還覺得鄉誼可親啊！彼此周旋廝混得久了，自然一天天地投機。有時這位店主人，為著拉拉鄉情，乘著大家談得興高采烈時，特地吩咐自己的老婆，做些山東小菜和麵食，盡個小東道，大家歡天喜地地吃喝談笑一番。如是日往月來，經過一段較長的時間，簡直是「大哥前、二哥後」的，竟和兄弟家人一般，無話不談，百無禁忌，連陳籙的起居飲食、臥室客廳，以至於會客開會的時間、地點等等，幾乎當著家常般地隨便談著。至此，陳籙的一切生活動態，不必再用什麼方法探問，已完全掌握在曾×家手中了。

五、吃罷團年飯一命嗚呼

到了民國二十七年農曆除夕，店主人高高興興親自去到市場，備辦了一席豐盛的菜，又沽了許多瓶山西汾酒，專誠宴請那批「老鄉」——保鑣們團年。同時還特地請了一位「千杯不醉」的朋友來作陪。這次團年飯，在前數天已經分頭約好了的，到了除夕這晚，那些保鑣們都是孤身異地，一縷鄉思，兀自無法排遣，難得有這門鄉親，情意殷殷，令人可感！只要是被邀請了的，自然全都到齊了。大家入席之後，賓主都興致勃勃、毫無顧慮和保留地開懷暢飲，店主人夫婦雖然酒量不行，但他倆殷勤勸酒的功夫，卻顯得特別到家，使這班粗豪客人大有不醉不可的情勢了。那位「千杯不醉」的陪客，初時只是淺嚐，一心注意各人的酒量，此時見眾人已近酩酊了，他便乘機發動攻勢，一杯復一杯地拚命向眾人飛來，專揀酒量強的進攻。於是，全座的客人，不分量大、量小的，已一個個爛醉如泥了。

當這邊香煙店中，賓主們放量轟飲的時候，陳籙寓所中，也早已排上年夜飯，闔家團聚起來，等到大家吃完，時間已近午夜了。陳的住宅，原是一棟一樓一底的洋房，樓上是他與家人的臥室，樓下是他的起居室、飯廳和客廳。這時眷屬家人已各自上樓去了。樓下只留下陳籙一人，獨自坐在起居室中。聚精會神地正在收聽日本軍部的廣播，驀地瞧見一個短裝打扮的人，一聲不響地站立在房門口。

陳籙在醉眼矇矓中還以為是保鑣人員進來，仔細一看，覺得有點不對，正想起身叫保鑣人員進來，那人已迅捷地從懷中掏出手槍，「砰！砰！」兩聲，對準陳籙射去，陳即應聲倒地了。那個短裝刺客，見已任務完成，剛要轉身退出去，陳籙的兒子已聽到了響動，急忙從樓上奔下來，察看什麼事，奔至半梯間，突見一個陌生人拿著手槍指著，已嚇得呆住了。那人一面用槍指著，一面喝阻道：「你不要出聲，我知道你是個愛國熱血青年，曾多次勸阻你父親不要降敵賣國，我不殺你！」說畢，從容地逸去了。

六、曲折安排下一項傑作

原來陳籙的兒子曾在美國留學，對於他父親這些賣國勾當，一向是十分反對的，曾經屢次加以勸諫，無如陳籙始終執迷不悟，自也無可如何！據說：現在還旅居美國。「以瞽瞍為父，而有舜。」陳籙有這麼個深明大義的兒子，總算是難得的了。

陳籙被殺斃命的消息，第二天一早就轟動了全上海，可是那批保鏢人員還醉夢在香煙店中，等到大家醒來，到處一望，店主夫婦已杳如黃鶴，不知何處去了。及至陳籙的噩耗傳到他們耳中，一個個驚出一身冷汗，大家懷著鬼胎，也不敢再回到陳宅去，剛要成夥兒逃之夭夭，不想此時日本憲兵已趕了來，於是他們全被捕去作為追查這案的線索了。

原來這爿香煙店主人夫婦，對於那班保鑣人員的殷勤結納，和除夕之夜安排年夜飯，又派一個酒量大的人，幫同設法將他們全部灌醉，以及夜深人靜、冒充保鑣賺開陳宅的門，施行狙殺，這一切曲折精細的安排，便是「軍統」派在上海擔任北四川路、虹口、江灣一帶的行動隊長曾×家所表演的傑作之一。

第十四章 傅筱庵在滬被劈死別記

「軍統」所執行的幾椿膾炙人口、轟動全國的巨案，如唐紹儀、傅筱庵斧劈案，吳佩孚中毒案，除唐紹儀斧劈案，內容情節與筆者所知的毫無二致外，餘皆或詳或略，或非正寫而附帶提及，寫作的角度既已不同，而案中情節亦不免歧異，此中出入，今古同然。本來任何一部歷史都是多方面的，絕非一人或某一角度所能概括其全面的。蓋一人之聞見有限，而著筆的主從正副角度不同，其詳於此者必略於彼，吾人今日所能閱讀到的二十五史，無疑地也只是當年各史家筆端下的眼孔中的片面，其絕非全貌也可以斷言。爰不憚詞費，仍就所知重為一述，不敢以珠玉在前遽爾藏拙，亦不敢強調己之非偽而誣人之非真，姑存兩說，以供高明讀者參證焉！

一、曾Ｘ家刺傅找線索

前文已述偽「維新政府」外交部長陳籙之死，為「軍統」派駐上海地區行動隊長曾×家傑作之一。其次，再說偽上海市長傅筱庵劈死經過。傅筱庵，浙江寧波人，如胡敘五所記的《上海大亨杜月笙》說：傅原為盛宣懷（宮保）的家臣，因此，傅在招商局、中國通商銀行等機構內，都握有相當權力；其後北伐之役，復勾結軍閥孫傳芳反抗國民革命；迨後改革幣制，化兩為元，通商銀行因內部空虛，財政部乃乘機加以整頓，將他的地位連根拔去，於是對國民政府怨恨益深。……老實說，這些以私人為出發點的恩怨問題，自不能置國家民族大義於不顧，即使有何血海深仇，也總不該公然做起通敵賣國的漢奸來！但是，傅筱庵畢竟還是這樣做了。據說：除上述胡敘五所舉的怨毒外，卻另有一項重要原因：他與日本人原本有著相當深遠的關係，並非臨時利用者可比。他早年曾在日本正金銀行當買辦，做著帝國主義的走狗，而且還娶了一個日本女子做姨太太。其他且不問，單從這兩件事來說，他早已是十足的漢奸嘴臉了。

迨至在日軍卵翼扶植下，做起登場傀儡的上海偽市長來，自然更是倒行逆施、狐假虎威了。他為著要洩忿報怨，更不惜利用上海流氓常玉清組織的「黃道會」，實行對「軍統」的潛伏人員不斷地施以暗殺。「軍統」面對這些為虎作倀的漢奸們如此行徑，自不能袖手旁觀，坐視自己的同志任憑敵偽的宰殺，而負責上海地區的行動隊長曾×家，更是急得如熱鍋裡的螞蟻一般，局本部的命令不斷地嚴催，而傅筱庵所寓的虹口和市政府的江灣一帶地區，實為日軍的大本營，也是敵偽的活動中心，內內外外，警衛戒備極其嚴密，一時實無法下手。

曾×家面臨這個大難題，一面設法儘量偵探傅的起居和活動情形，一面運用智慧尋求線索和下手的方法。經過多次祕密偵察的結果，獲悉：傅筱庵這人，有著獨睡的習慣，他的上房，是不准任何人輕易進入的，連他那個日本姨太太也不例外，就中唯一例外的，只有那位相從數十年的老廚司朱老頭，早晚侍候茶水點心，可以穿房入戶毫無阻攔的，此外，更無第二個人了。這位朱老頭是山東人，跟隨傅筱庵數十年，始終是個「王老五」的身分，他因為是傅宅的廚司，每天一早要上菜市場買菜，領有禁區特別通行證，但他平日並無特別嗜好，只是三不兩天偶然跑到永安公司的頂樓「天韻樓」，逛逛遊戲場，看看各地的雜戲，去得久了，便和「天韻樓」的一位女招待（茶花）稔熟了，有時不免嗑嗑牙交、吃吃豆腐輕鬆一番而歸。

曾×家得知這一線索後，便如獲至寶一般，他認為制裁傅筱庵這個棘手的任務，好歹只有落在朱老頭身上，而引誘朱老頭入彀的方法，便只有使用美人計，借重那位女招待犧牲色相了。自此以後，朱老頭每次跑到「天韻樓」閒逛，那位女招待總是輕盈盈地笑靨相迎，特別表示著親近與熱絡。這位女招待雖非絕色美人，卻也具有一副「花枝招展」的輕盈體態。朱廚司雖然是五十歲的老頭兒，卻是個獨居已久的「王老五」，飽食終日，無所用心，生理上的抑制，自屬必然。一旦美色當前，諸般挑逗，飛來艷福，其何以堪？便不期然而然地沉溺在愛河慾海中了。

朱老頭在那女招待主動進攻下，很容易地便發生了關係，郎情妾意，百般纏綿，兩人打得火一般熱，不久，便進一步地共賦同居之好，寓居北浙江路「先施公司」後面，女招待一變而為朱的妻子了。可是，朱老頭是要侍候他的主人傅筱庵的，不但晚上不能經常回家住宿，便是白天也無法長時地閨房相守，一個少婦獨處閨中，不免時時感到寂寞，於是，便有許多左右鄰居相邀打牌，她也落得隨和隨和，藉資排遣。從此，朱妻便由情場轉移到賭場，每邀必到，每打必輸。起初只是拿著自己的私蓄去輸，日子一久，有限的私蓄光了，便只有一而再、再而三地向朱老頭需索。朱老頭對於這位投懷送抱的床頭人，在心理上既有老夫少妻之感，在情感上便不免百般遷就，凡有需索，總不忍稍拂她的意思，久而久之，可憐朱老頭多年來所有辛苦累積的積蓄，竟在她不斷的需索下，已全部花光了。

這時，朱妻已陷入曾×家所佈的迷魂陣中，她不以自己的屢戰屢北而停手，也不管朱老頭的錢光也未光，她還是照例地賭，照例地輸，沒有錢付帳，便有在座的賭友自動地借給她，說什麼：「彼此都是自家人，無所謂。」於是，漸漸越賭越大，越借越多，日積月累，等到債臺高築的時候，那些借錢給她的「自家人」，竟不約而同地紛紛向她索債了。一向陷在迷魂陣中的她，此時才醒悟過來，然而事已遲了。當她被債主們迫得走投無路時，只有撒嬌放賴地向朱老頭要，此時朱老頭已是床頭金盡，哪能有餘力還債？但眼見自己心愛的人兒尋死覓活，心中卻又老大不忍，正在無計可施的時候，忽然朱妻的一位閨中女伴黃嫂走來，一面拉著朱妻坐下，一面勸慰朱老頭暫時回傅公館去，等大家慢慢想個辦法。這時朱老頭忽見有人出來替他分憂，便懷著一副驚喜感激的心情，先回傅宅去了。

二、朱老頭一斧除巨奸

黃氏見朱老頭離去了，便單刀直入地向朱妻開談判，她說：「妳如肯依我的話，不用說這筆賭債可以清還，而且還可發一筆大財。不但保證沒有危險，而且還可轟轟烈烈地成為英雄，將來做了官，妳便是官太太，那時吃喝不盡了！只問妳有無方法要老頭兒一定幹罷了！……」

這時的朱妻，正被迫得走投無路之際，只要有人能替她還賭債，便什麼事也願承擔，何況還有官可做，有財可發！於是急忙地問道：「有什麼方法？要怎麼幹呢？」

黃氏毫不思索地道：「只要殺一個人！」

朱妻聽說「殺人」二字，駭得花容失色道：「什麼事都可以幹，殺……殺人的事怎好做呢？」

黃氏淡淡地一笑道：「從前殺人要犯國法，甚至還要償命，自然幹不得的；現在我要妳殺的人，保險不叫妳吃官司，……事情成功，馬上將妳倆送到後方去，領獎、做官，這是多麼好的事？」接著又追問道：「阿妹！如果不幹，妳這筆賭債怎麼辦？難道真的要她們找白相人來嗎？」

朱妻聽了這話，更覺為難起來。先前她只是賭債問題，現在卻又多了一個升官發財的心事橫在胸中，這一來真不知如何是好。她默默地自忖著：「不幹，這債我怎麼還？幹嗎，是否真的沒有危險，而又能發財呢？……萬一老頭兒不肯，又怎麼辦？……」

黃氏見她陷入沉思中，微露煩惱的情緒，知道她的心意已動了，便迫緊一步道：「妳不用三心二意，只要依我的話，保證沒有危險！自家姐妹淘，哪能騙妳吃虧呢？」說著，頓了一頓隨即又道：「老頭兒對妳交關好，只要妳用點軟功夫，包管什麼都會答應下來。不信，妳試試看！」

從這天起，朱妻果然施展出女人的全套本領，一哭二鬧三上吊，一直死纏著朱老頭，要他設法籌錢還債，否則無面見人，唯有一死了之，最後又說黃嫂可以想辦法，只要他肯幹，不但可還債，而且能發財。漸漸地，朱老頭終被嬌妻軟纏得有些意動了。結果，經過黃嫂的暗中拉線，介紹了一位姓錢的人給朱老頭認識。這位姓錢的既有「錢」，為人又豪爽大方，事情未做就先送朱老頭兩大條黃金給朱妻還債。迨談妥了如何下手謀刺他的老東家傅筱庵的各種步驟後，又送了五根大條來。此時朱老頭既已鑽入圈套中，即使不敢幹，也非幹不可了。

一個冬天，約莫午夜後三點鐘，傅筱庵正從外面應酬回來，老朱照例送上一碗燉好的白木耳，傅推說人太疲倦，不用了。老朱退回廚房，心想這是千載一時機會，非下手不可了。便將錢先生預先交給他的一柄小斧在胸前藏好，坐在房裡等著，約莫候了一個小時，便悄悄地踅到上房一看，正好房門沒有上鎖，這一來，真使他喜出望外了，便輕輕將小斧拿在右手中，左手推開房門，只見傅筱庵這時正面向裡睡，他咬著牙關，鼓足勇氣，拿取斧頭，朝著正酣睡的傅筱庵的頭上劈下，這一斧便結束了傅筱庵的性命。

朱老頭於得手後，即按預先約定的暗號，將窗簾拉下，神不知、鬼不覺地踅回廚房，提著菜籃，架著腳踏車，裝著上菜市場模樣，這時正是他經常買菜的時候，日本憲兵照例放行。眼望著他踏著腳踏車，轉彎抹角，折到公共租界，和接應的人會了面，便帶著船票登上「太古輪」放洋南行到香港了。其後，朱老頭又從香港到了重慶。據說，曾要求杜月笙替他安插吃飯工作。最遺憾的是，這案的搭橋人——朱老頭的妻子，卻始終沒有把她護送出來，其下落如何？不得而知了。這是曾×家在上海的傑作之二。

第十五章
吳大帥之死與女太太之謎

本文曾因敘述「軍統」在抗戰時期所執行的幾件重大狙殺案件，附帶提到有關「吳佩孚毒斃案」，並特別指出這一巨案，係假手一位女太太去下手的，是為「軍統」一大祕密。由於時間和行文的先後次序，對於當時下毒等有關經過，遲遲未向讀者交代。

一、一位有心的讀者來函

恰好本刊同文星廬先生在所撰〈吳佩孚得全晚節內幕談〉一文中，對於吳氏被毒事，正已述及。於是，我所需要向讀者交而還沒有寫到的一段內幕，已承星廬先生無意中為我代勞了，心感之餘，便也準備藉此偷閒一番，不再多贅了。哪知有位本刊讀者彭嘉善君來函，對於吳佩孚被毒疑案，提出了幾個有關問題，要筆者作答。彭君愛護本刊之盛心，固極可感！而對於閱讀之態度，尤為可佩！彭君原函大意如下：

局外人先生：

我是貴刊長期讀者，對於民國以來，政海中許多恩怨是非和內幕情形，我能知道一二，全是獲貴刊之賜。

近閱星廬先生寫的〈吳佩孚得全晚節內幕談〉，說到有位女客向吳大帥下毒事。原文說：有位外號「交際草」的某太太，經常到什景花園吳寓走動，跑跑上房，陪陪吳太太打小牌，某次，竟與另一位女客帶了一包毒藥來，準備從廚房點心裡下手毒斃吳佩孚。這位女客究竟是誰？她所帶的藥是否下了？吳佩孚的死是毒斃還是病死！這事的結果如何？原文未曾說明，讀來終覺遺憾，正想請教他，但他所寫的〈吳佩孚〉全文已完，不知還在《春秋》寫也沒？我因想起臺端在〈十三太保〉中，也曾提過這件事，而且也說是一位女太太下的毒，因此我希望臺端能將這些情形，做一詳盡的答覆，俾明真相，不知肯賜教否？此請

文安

讀者彭嘉善拜啟

（元月十八日）

二、吳大帥的命運早註定

彭君這信一來，使我對「吳佩孚案」原欲藉此偷閒的打算，又推翻了。既承殷勤下問，自當勉為奉答，以塞雅意。不過，筆者所知道的這一內幕，是否與星盧先生完全相符，抑或出於偶合，不得而知。原因是，筆者與星盧君雖屬同文，卻未謀面，倉卒間也無法將此「多年疑案」相互印證，也就只好就我所知的草草寫出，用代覆函，幸指正焉。

吳佩孚以當年洛陽虎視的餘威，息影故都，雖已垂垂老矣，而其雄心未嘗減退，只看他住在北平什景花園中，仍然設有八大處，養著那些患難相從的老部屬，這一方面可以說明他的篤念故舊，另一方面更可說明他的不甘寂寞。到了抗戰時期，平、津淪陷，一些舊時的官僚政客，更是罔顧民族大義，蠢蠢欲動。但在日本「以華制華」的策略下，那批小漢奸們是不夠資格做張邦昌、劉豫的。在當時留在平、津各地的過氣軍人政客，論人望、論地位，當以吳氏首屈一指，於是，纏來纏去，自然而然纏到吳氏身上來。以一個不甘寂寞的吳大帥，處於那種政治濁流漩渦中，終於他變成了「日本既不肯放手，政府更難以放心」的人物了。吳氏身居危地，既不能閉門謝客，不問世事，又不能跳出那個政治漩渦，他之死，已是命運註定而無法避免的了。

三、多年來流傳三種傳說

吳氏死於民國二十八年十二月四日。他的死，毫無疑問是被人毒斃的，只是下毒者為誰？是受了哪一方面的主使？則傳說不一。有人說是日軍方面：因為吳氏不肯受日人利用，因而予以毒斃的。這一說法，除了傳聞之外，還有類似官書的《中華民國大事記》也有著同樣的記載。《大事記》在民國二十八年十二月四日下，記著說：

吳佩孚病逝北平，日寇因其不受利用，故予以毒斃。

《中華民國大事記》，是五年前（民國四十六年）在臺灣發行的，雖出於私人高蔭祖諸人所編撰，不同於官書，但這書的內容卻真實而嚴謹，筆則筆，削則削，褒則褒，貶則貶，頗採《春秋》義法。他們的序文也這樣說：

鑑於民國三十八年政府一再播遷，國史館的史料全部散失。因與同人從事蒐集，閱七易寒暑而成，其內容的翔實，措詞的謹嚴……力求能作為中華民國的一部詳史，一部正史，一部信史。

由此觀之，則此書之真實與價值，並不次於官書。而其中的一字一句，動關國體與政治隆污，在未經黨政方面有關機關審定，絕不能輕率出版，自可斷言。據此而論，則吳氏之被毒而死，自然不須再懷疑了。

也有人說是出於汪精衛方面：汪、吳二氏都是不甘屈居人下的人，而且都有搞「和平運動」的野心，但東南、華北雙方的合作，與日本所採的陰謀，都有距離。不過汪的最初目的，實欲總攬全部淪陷區，舉「維持」、「維新」兩偽組織歸於汪組織下，既無協議，便成了一山不能容二虎，於是便下此毒手了。

更有人說是重慶方面：認為長期對日抗戰，已使日本泥淖深陷，無法自拔，乃製造傀儡政權，推行「和平運動」，以達其「以華制華」、「以戰養戰」的陰謀目的。如能鞏固抗戰陣營，使日人的陰謀歸於破滅，則最後勝利必能提早來臨。但自汪精衛出走後，既已削弱了抗戰陣營，加增了日寇兇燄，若再加上了吳佩孚，他們一文一武將東南、華北合作起來，問題便極嚴重了。儘管政府曾想方設法，先後派劉泗英等信使往還，表示關切。但什景花園吳寓中，還不時地有著漢奸們和日本特務們的蹤跡，即使吳氏大義凜然，不肯做此遺臭萬年的勾當，萬一在威脅利誘、內外包圍下，英雄末路，身不由己，也並非不可能的事。因此，為了挽救國運，為了保全吳氏一生令名與晚節，利害相權，壯士斷腕，遂不得不忍痛出此下策。此說果實，則亦有其不得已之苦衷，未可以尋常事件目之也。

四、女太太之死的案中案

有此三說，莫衷一是，於是，吳氏之死，直至今日猶成為一樁「疑案」。據筆者所聞，這「疑案」有如下的說法，但是否能打破這二十餘年的疑團，則有待於高明讀者之取捨焉！

向吳佩孚進行下毒的兇手，乃出自一位女太太，但她究竟是誰的「太太」，恕筆者無法奉告。總之，她的先生卻是一位在北洋政府時代活躍平、津、上海，是一個飽受各方歡迎的清客典型。而這位女太太並非正室，只算是他的「如夫人」，原是青樓出身，為人聰明伶俐，再加上閱人已多，更顯得機警精幹，她於民國二十八年的春天被某方看中，要借重她對吳大帥下手。不久，憑她的神通廣大，居然進入北平什景花園吳寓，也許就是星廬先生文中所述的由那位「交際草」某太太所帶進的「女客」。這位「女客」，當時被人稱為×二奶奶，經這以後，她便經常跟著「交際草」到吳寓走動，成為什景花園的常客了。但是，她所帶的究是一種什麼藥呢？既不是大內中的鶴頂紅，也不是市肆中所售的砒霜之類的東西；她帶的是一種無色無臭的特製之化學劑，這種藥本身是無毒的，可是厲害無比，服下去既不會當場發作，也無法檢驗得出，只是在數個月後，服的人便自然心臟停止跳動了。

又據說，這位×二奶奶在吳寓於任務完成後（傳即是在點心內下毒），欣然離開北平南下歸來，照說，她總算替國家消除了一個大顧慮、大隱患，也保全了吳佩孚的晚節，雖不能酬庸策動（因為她是女的），卻也該論功行賞了。但最不幸的是，她在南歸某地之後不久，竟被她的先生「以其人之道，還治其人之身」，突告香消玉殞了！她所仰望終身的丈夫，何以竟會下此毒手？傳說中又有兩點：一說，因為她的丈夫企圖單獨吞沒那筆偌大獎金，她吵鬧不肯干休，於是，一面爭吵，一面暗地裡安排毒計，終於她不免了。另一說是，她之死，乃奉有關方面的暗示，殺以滅口。這個「案中案」的真實情形如何？那只有當事人心知肚明了。「剃人之頭者，人亦剃其頭。」這報應也就太慘了！

第十六章

軍統人員的「三穩」與「三淡」

「軍統」的組織，除正、副局長各一人外，下設六處三室。「軍統」成立初期，局長一職，最初由賀耀組擔任，但也只是兼領名義而已，所有局內、局外一切人事、行政大權，全由副局長戴笠獨斷獨行，賀耀組從不過問。到了抗戰中期以後，由林蔚兼領局長，亦復如此（關於林蔚接替局長一點，本文在第一節中漏未敘及，故於此補述之）。至於六處三室，其名稱與職掌大致如下：第一處——情報。二處——公開單位。三處——司法。四處——電訊。五處——總務。六處——交通。三室即書記、督察、經理是也。所謂「公開單位」，即配屬各級機關公開活動單位的人事、行政業務而言，如抗戰期中，配屬於各省保安處的第四科（唯湖南為第五科），以及軍、師部的參二科（參謀處第二科），各高級司令部的第二處（一稱保防處）等是。此外書記室，相等於一般機關的祕書室，故書記實即祕書長或主任祕書也。蓋「軍統」之成立，乃由「復興社」蛻化而來，其書記制度，亦沿用「復興社」之遺制也。數年前在臺逝世的保密局局長毛人鳳氏，任「軍統」書記最久，襄贊機務為戴氏得力助手。「軍統」改制為「保密局」後，毛人鳳以多年老書記坐升副局長，書記一職，則由軍統中「三李」之一的李崇詩繼任，此是後話，留待再述。

一、公開督察與祕密督察

上述情形，乃指「軍統」內部組織而言，至於外部，則設有區、站、直屬組等（抗戰時，毛森於上海失事為「七十六號」所捕，便是在上海市直屬小組組長任內。所謂直屬小組，即呈上飭下只對局本部而言，不屬於上海區的指揮）。區、站以下，轄組（組有小組、加強組之別）、直屬通訊員、特約通訊員、義務通訊員。區、站設正副區、站長、書記，組設正副組長、文書、組員、特約員、義務員、試用員。

電臺有區、站總臺，分臺（即組臺），總臺設臺長、文書，分臺設報務員。

「軍統」為一保密機關，故其人事制度，無論對內、對外，均保持高度祕密，而採用分別管理原則：各單位的人事，由各主管部門直接調派，即局本部內亦不例外。因此，「軍統」上下內外的人事全貌，除了戴笠、毛人鳳一二首腦人物外，任誰也不可全盤瞭解。原因是：只許有縱的關係，不許有橫的關係。有時上級派遣甲同志去某地接洽公務時，其所能告知於甲的，只是接頭地點（如南京的明瓦廊接頭處），絕非該單位的辦公處，除非甲被調任該處工作，否則，即使甲已明知其辦公處，亦不許任意闖進去。

至於人事的考察監督，則厲行督察制度。「軍統」內部流行著兩句話：「不怕管（主管），只怕督（督察）。」督察的地位雖不高，但他的權力，卻有如專制時代的御史兼按院；雖沒有賜上方寶劍得以先斬後奏，但他的報告卻非常有效。而且所謂有效，並非指功過、利害雙方面而言，事實上，督察所報的只是「過」而無「功」（功由主管單位首長報），因而對當事者的影響，自然只有「害」而無「利」了！因為督察的權責，只是糾彈過失，而非計績呈功，所謂「不怕管，只怕督」者，其原因即在此。

上面所述的是明令公開的督察，此外，還有絕不公開的祕密督察。這類督察的產生，是由戴氏本人或局本部督察室祕密派遣，授以一個臨時任務，發交一份密電本，隨時隨地可以對局本部通報，任何一個屬於他們的電臺，對於這類電報，絕不敢稽延片刻地隨到隨發，而且對發報人的身分，還要保持高度的祕密。

祕密督察的人選，並不限於職位的高低，只要具有勝任督察事務的能力，不問是內部的勤工（即一般機關的勤務或勤務兵，「軍統」則稱為勤工）乃至外部的交通（傳遞情報文電人員），都具有被選派的資格。

二、口穩、手穩、心穩

如上所述，「軍統」人員經常陷於明督暗察的困擾中，終日惶惶然惴惴不安，這對於那些臨機應變的工作如何發揮呢？「局外人」曾經詳細問過一位「局內人」，據說：這一問題，卻又恰恰與事實相反。他說：局內人員只要能恪守「三穩」、「三淡」的原則，自然個個心情輕鬆、精神愉快了。接著，他展述下面的一席話：

所謂「三穩」，第一要「口穩」。公餘之暇，同志聊天，儘管南京城隍、北京土地，以至於風花雪月，高談闊論，都無所謂；至於工作，就在同志面前，也必三緘其口。此外，對於外間邀請的宴會，也得特別審慎，蓋宴無好宴，會無好會，貪圖口腹，招惹是非，這是「軍統」人員深深引以為戒的。記得抗戰的第三年，江西水陸統一交通檢查所所長曹飛鴻，便是為了一次宴會，換來十年有期徒刑。前者為禍從口出，而後者則禍從口入也。

第二要「手穩」。本來黃金、白銀，誰見了也要動心的，可是「軍統」對於同志的貪污受賄，處辦得特別嚴，雖或不致殺身，但牢獄之苦，卻也夠半生挨受。如江西緝私處主任祕書房方，曾因涉嫌貪污判處十一年徒刑，房隨戴氏任機要祕書多年，卻並不以此而絲毫寬假。又如現在臺北的唐新，因負責接收武漢時涉嫌貪污，局本部曾責令他自投南京受審，這時唐已由王陵基的保薦，轉任江西省政府委員兼南昌市長，中經王陵基出面說情，戴笠不但不允，反而觸怒了他那「家務不讓外人管」的忌諱，而要更加嚴厲地予以制裁，總算唐新命不該絕，不數日，戴笠的飛機遇難，情勢才鬆了下來，終於再由王陵基向毛人鳳極力解說，才倖免於囹圄之災。

第三要「心穩」，這一點尤其特別重要。因為特務人員，日處於機密中，他的一點一滴資料，都成為上級的決策根據，其影響所及，較之任何一切資料為神速而有效。因此，他便成為敵方必欲消滅的對象；同時，也成為敵方必須爭取收買的對象。如果心懷異志，或甘心為敵方收買，出賣組織上的祕密，只要一經察覺，必召殺身之禍。其時戴雨農對於所屬外勤人員，控制得相當嚴密，尤其對於位高權重的幹部，除了公開的督察外，多採用複線佈置，如果你想圖謀不軌，縱然遠在數千里外，也難逃出他的耳目和掌握。

三、名淡、私淡、疑淡

至於所謂「三淡」，第一要「名心淡」，不許爭權奪位，好出風頭。因為特務工作，在基本上是一種無名英雄所幹的祕密工作，處處要想丑表功來出風頭，沒有不敗事的。當然，在「軍統」圈內，潔身自好、黽勉厥職的人盡多。但，眼睛生在頭頂，額角寫著「王」字，這樣作風的人，也還不在少數。

第二要「私心淡」，結黨營私，是「軍統」絕不容許的事。因此，這一限制，是相當嚴格的。即使是某一地區的主管，也只能秉承局本部的指示，站在督導立場，執行他的任務，對於人事的賞罰、升降、去留，以至於經費的支配等等，除有特殊情形外，主管是無權處理的，甚至要想調動一個同志的工作，也非待呈報局本部核准不可。

第三要「疑心淡」，同志之間，不許爾虞我詐，互相疑忌。戴雨農曾力倡「組織即家庭，同志即手足」，來求得同志間的和衷共濟。這一點，曾發揮了超倫常的效果。他們也和幫會一樣，不問識與不識，只要有了關係的證明，便能一見如故，不問遠道來此或路過，當地的同志，一定會盡地主之誼，款接招待。雖不若一般官場應酬那麼豪華，但其熱情，卻非一般虛偽應酬所可比擬。因此，在「軍統」圈內，曾流傳著這麼一個口號：「走遍全國都市，不須攜帶旅費。」

上述的「三穩」、「三淡」，便是戴氏用以控制數近十萬三山五嶽的部屬的不二法門。有人認為「軍統」圈內很少有明爭暗鬥的傾軋，便全靠這一「組織即家庭，同志即手足」號召，而且這一號召與精神，便是仿照杜月笙對於他們「清幫」門徒的方法。這一說法是否確切，恕筆者非「局內人」，無法更做詳述。

四、軍統內部的賞罰方式

「軍統」內部的保密制度，是極其嚴格的，據一位從南昌行營開始追隨戴笠工作的朋友鄒君談：他在局本部擔任內勤工作時，經常發現同一部門的工作同志，突然地不到公，而他們去了哪裡呢？既不是公差外出，也不是私人事假（這時鄒君主管部分人事，公差、事假是有登記的），經過若干時日之後，便又悄悄地突然出現於辦公室了。這類情形的發生，原因便是當事人一時在言語、行動上，稍涉疏忽，受到禁閉的懲誡，而這些情形，卻只能彼此心照，不能明問的。

此外，鄒君還舉出一個事例來說明：民國二十九年，王立生發表江西站長兼江西保安處第四科科長，臨行之前，寫了一封家書，書中順帶提到一句：「不久即回原籍（王為江西萬安人）。」並沒有涉及其他問題。這就一般情形來說，原是極其平常的事；但當郵檢所檢查到那信時，即將內容抄送局本部。結果，王立生以洩漏本身行動祕密的過失，被處罰禁閉一個月；禁閉期滿後，才釋放到差。像諸如此類事件，真是指不勝屈，但在「局內人」看來，卻成為司空見慣的了。

再次，說到「軍統」的賞與罰。賞的方面，包括記功、獎金、升遷……這與一般機關情形，大概沒有什麼分別。至於罰的方面，可就大不同了。「軍統」內部訂有一種單行罰法，同志們犯了過失，不問情節輕重、和外界有無關係，絕不移交司法或軍法機關審理，寧可任由外界物議，一定要由他們自行懲辦。這原因有兩點：一是唯恐洩漏內部的祕密；二是戴笠以「軍統」強調為一個「家」，他自己便以「家長」自居，因此，子弟犯了過失，便當以「家法」處治，免得家醜外揚了。這是戴笠運用中國宗法社會傳統，拿來「治家」的傑作，而常常引以自詡的。但也由此招致了外界不少的誤解，甚至有人公開指摘戴笠袒護部屬橫行不法。

事實果真如此嗎？其實不然。「軍統」懲辦一個同志，其處罰要比一般執法機關嚴厲得多。一般執法機關的科罰，要有足夠的證據，才能科以罪刑；「軍統」就不同了，它只要經過調查，認為確有其事時，不問證據的有無，不理當事人的辯訴，就可以判處罪刑，尤其是判刑的輕重，竟不必引用法律條款做依據，只憑當事人的情節和審理人的意識來做決定。有人笑問戴笠說：

「雨農，你這樣太重視人治，卻忽略了法治，是不合道理的啊！」戴笠也笑著答道：「我這是無法之法呀！」那人更笑他道：「你這不是『無法之法』，真是強盜窩裡的幫規啊？」戴笠只好搖搖頭苦笑著。

五、關於曹飛鴻一段往事

前面說過，江西水陸交通統一檢查所所長曹飛鴻，為了參加一次宴會，換來十年刑期的往事，其經過情形是這樣的：

民國二十八年春，日軍自南潯鐵路一線增援，以迂迴戰術分兩路進攻南昌，攻勢猛烈，使前敵總指揮羅卓英部壓迫得節節敗退，南昌岌岌可危，所有人口、物資，紛紛向後方吉安、泰和疏散，一時交通工具奇絕。南昌中國銀行經理某君與當地商人余××勾結囤積大量物資，乃四出奔走出重價運動運輸車輛而不可得。某君於是一面以「離筵」的方式，宴請曹飛鴻，一面又與那商人余××暗中講盤，議明物資運出後，酬以總值百分之二十。曹飛鴻於接獲請帖後，如期前往參加，對於周、余之間的一套祕密買賣，卻深深被蒙在鼓裡。結果，受人之口惠，人情上不能不幫忙，終於那一大批物資安然地疏運到大後方去，而某君也袋袋平安了。等到「交檢所」撤至吉安時，曹飛鴻卻以東窗事發，蒙受了「利用職權，涉嫌受賄」的罪名，判處有期徒刑十年。曹以事出冤連，問心無愧，力陳一切經過，終以「貪圖口腹、受人利用」等語，予以駁覆，維持原判，解送息烽監獄執行，和張學良比鄰而居了。

曹飛鴻江西都昌人，為已故前軍政部政務次長及江西省政府主席曹浩森先生的胞姪，曾與筆者一度共事，其二兄起鵬、師瑋，則與筆者交厚有年。飛鴻為人，短小精悍，辯才無礙，顧語多谿刻，恃才傲物，以此每不為友輩同儕所諒。迄三十一年夏，飛鴻的鐵窗風味已經受了整整三年，戴雨農適自重慶赴福建南平、建甌一帶視察，道經戰時江西省會泰和。那天，恰是軍校第十九週年校慶，雨農於參加校慶紀念會後，親赴省府做禮貌上的拜訪，曹浩森乃於三溪頭主席寓邸宴請戴氏，座中除曹的如夫人外，別無其他陪客（這是戴雨農的習慣，有外客他便不到）。談次，曹氏如夫人輕聲問曰：「戴局長，飛鴻近來怎麼樣？……」

曹氏立即正顏阻止她道：「妳吃飯，休多管其他閒事！」

當時曹氏伉儷一唱一拍，是否有意串演雙簧，為他們的姪兒飛鴻請命，「局外人」不得而知，但不到一個月的時間，飛鴻已回到江西，接長江西《捷報》社長。次年四月一日，軍統紀念大會的特赦命令上，赫然有「曹飛鴻」名字，大概先釋放而後補行特赦了。

六、小學、中學、大學

按《捷報》初名《健報》，原為「復興社」唯一的喉舌報。所謂「健」者，乃響應蔣先生當年提倡的《禮運・大同篇》和《易經》的〈乾文言〉「天行健，君子以自強不息」而來。至於由《健報》而改為「捷報」，其中卻有一段波折，其經過情形如下：

當民國二十五年夏間，熊天翼氏主政江西，當時《健報》因揭露教育廳長程時煃虐殺髮妻案

（程妻於產後患「產褥熱」，程氏以冰塊冰妻的頭部，謂為退熱良方，中西醫皆加勸阻，不聽，卒以不治斃命。蓋程任「廈大」教授與福建教育廳時，曾熱戀一女友，欲偕白首，而女方提出必須與前妻離婚，方可結合，程氏乃出此下策。後雖如願以償，而聲名卻以此受到嚴重打擊），發生糾紛，雙方聲勢洶洶。熊氏難做左右袒，在無法處理下，乃親赴南京，請求蔣先生處置。終於以「易名更長」來調解這樁糾紛。

飛鴻接長《捷報》不久，又以涉嫌囤積報紙被扣。在審理中，飛鴻悽然對同事道：「如果再唱『二進宮』，我寧願中途自殺。」飛鴻做此哀鳴，並非危言聳聽，原因是，「軍統」執行同志刑獄，分為三級：

「初級」為過失輕微，屬於禁閉性質，期間不會超過一年；或案情正在調查中尚未確定刑期者；「軍統」圈內人稱之為「進小學」；行動比較還有若干自由，而其名字，則註記於「守法」冊籍上而已。

「二級」比較嚴重，刑期為在五年以下，名為「進中學」，獄址設在衡陽郊外；行動上的管制，自然比「小學」嚴得多。

至於「三級」，情形可不同了，刑期最少是五年以上，雖名之為看守所，實際等於設防監獄，甚至可說是勞動集中營，名之為「進大學」；一經大學註冊，便和一般監犯一樣，穿著編號的囚衣，接受嚴格的管理，清晨起床，做運動，操跑步，吃稀飯後，開始勞作——移山、築路、運輸、建屋……，晚間還得自修作業，一天功課完畢，各人才能回到各人的號所就寢。

飛鴻是進入三級大學的過來人，無怪他在唱「二進宮」時，聲言要自殺了。幸而他的涉嫌囤積報紙案，只是手續上的誤會，結果，他的「二進宮」並沒有正式上演。

第十七章

軍統的「家風」、「家法」與禁律

抗戰中期，由於淪陷地區的擴大，工作亦隨之而拓展，「軍統」上下內外的工作人員，總數已在八萬以上（外間號稱十萬，不免稍嫌誇大）。這些人員，多半是五湖四海、三教九流，色色俱全的人物，像這樣一個揉雜的團體，而欲發縱指揮，號令一致，不用說，當然不是一件輕易的事，便是控馭羈勒，不使內部鬧出什麼亂子，也就難之又難了。戴笠雖然讀書無多，但他對於處人治事，卻另有一套特別的做法。方法之一是：前面所述的，運用儒家的倫理觀念，將「軍統」強調為一個「家庭」，來維繫上下內外人員的情感。方法之二是：運用法家的「重賞嚴罰」，來鼓勵、督促任務的完成。因此，「軍統」這一組織的精神與制度，無形中成為一個「儒」、「法」互用的混合體了。

一、袖珍手冊命名曰《家風》

此外，戴笠對工作人員平時的「養」，尤特別注意。所謂「養」者，養其室家，養其廉恥也。抗戰時期，自中央以至地方，一般公務人員的待遇，幾乎一律都是國難薪水，生活之清苦，不問可知。唯有「軍統」工作人員，其基本待遇，已較一般公務員為優，同時，又有所謂活動費、公差費，乃至於機密費等，其中配屬於公開單位者，有的還可領兼薪。這些得天獨厚的優遇，便是戴笠平時對於部屬的「養」。此外，工作成績如果特別優異或有功時，更有優厚的獎金（包括單位的、個人的）。於是，重賞之下，必有勇夫，「軍統」在工作方面，有時每每會造出一些奇蹟來，其原因即基於此。

不但如此，「軍統」人員在守法期間內，其直系親屬依舊可以領眷糧，且發給特別救濟金。如果其家屬生活真正清苦時，區、站、組長均可向局本部建議，保留守法人員的原有薪給，交由其家屬具領。守法期滿後，遵照命令前往指定地點報到，不但發給一筆優厚的旅費，而且還另有一次的特別救濟金給與，這些，都是一般公務人員做夢也享受不到的了。

有人問筆者，戴笠既以「軍統」看成為一個「家庭」，而對於同志亦有如手足，照護得特別周到，那麼，他們的「家風」、「家法」又如何呢？這一問題，確也相當有趣。「家風」這個名稱，也許讀者會感到奇特。事實上，他們確有一個「家風」，不但形諸於口頭，而而見諸於文字。

原來「軍統」發行有一本定期刊物，每月發行一次，為一本三十二開編印的袖珍手冊，由《家風》編輯委員會負責編印。封面《家風》二字，為蔣先生親筆所題。這本《家風》刊物，不僅對外不公開，就是他們內部的工作同志，也只有情報部分（即祕密單位）人員，才能人手一冊（公開單位的同志不發給）。封面的右上角，編有號碼，發給時，何人持何號碼，均有記載，而且還須親自簽收，以便查考遺落外間的責任，由此可見其祕密性之重要性了。

《家風》的內容計分：工作檢討、意見建議、報導、通訊、一般法規的興革（不另行文者），以及人事獎懲等事項。由於上面的一些記載，對外皆不公開，因此他們在閱讀後，大都即行焚毀，以免遺落外人之手，引起不必要的麻煩責任。

二、觸犯了禁律絕無寬假

至於「軍統」的家規（亦即禁條），雖無明文的規定，但歸納起來，有幾件特別嚴重的禁律是不能違犯的，否則便有不可饒恕的結果：（一）背叛行為。（二）洩漏組織祕密。（三）任意暴露身分、玩忽職務情節嚴重者。（四）利用職權非法貪污者。以上四項，除最後的第（四）項，有時還有酌情末減的萬一希望外，其餘第（一）、（二）、（三）項，一經觸犯，不論你係何地位？有何大功？絕無寬假地一律實行祕密制裁（即祕密執行處決），但第（四）項即使有酌情末減餘地，最少免不了五、七年有期徒刑。這是「軍統」整肅「家風」重賞嚴罰的情形。下面附帶舉出幾個例來做說明。

民國三十一年，浮梁組長雷××（此人尚在澳門）與文書于安民、報務員王鴻德，因意見不合而引起明爭暗鬥，事情傳到站部後，為著消除同志間的意氣，乃依據一般人事處理原則，報請局本部調整，將任何一方面予以他調，使之隔離，問題便解決了。局本部對此原則已經同意，並准將雷改調贛州，但令雙方各將因何引起爭執傾軋的原委與理由，詳細申覆。於是雷在申覆中，指摘于、王聯合行動，故意遲延發報。于則指雷威凌工作同志，並申述當時那件情報內容有欠詳盡，為爭取時效，乃將原稿撤回覆查併發。雙方申覆文件到達局本部後，竟認定于、王遲延發報已屬事實，即令站部將于、王二人一併扣押，一面電令督察陳慶尚（後在湖南靠攏）負責徹查具覆。

三、兩條人命抬四具棺木

就當時情形來說，案情發展已不簡單了，不想陳慶尚竟在酒醉糊塗中，輕率大意地覆以：「所查經過均屬實情。」局方遂根據此一覆查報告，即令站部予以祕密制裁，電文云：

……于安民、王鴻德聯合按報不發，玩忽職務，情難寬恕，經簽奉委座核准，著即就地祕密制裁，並攝取刑前、死後照片報備……

其時于、王原扣押於站部特務隊中（江西泰和），都以為事屬傾軋，並非嚴重案件，故對他們的行動，並未加以若何的限制，及至制裁命令到達時，于、王已外出閒遊去矣。特務隊長以責任重大，惶急得冷汗直流，於是，慌忙地帶著隊員，馳赴市區分頭尋覓。行至車站附近，于、王兩人正從一家旅館中，找相命先生按鐵板神數推算命造出來，當即被帶往泰和郊區執行。剛在攝取死後照片事猶未了時，交通人員已氣急敗壞地喘著奔至，傳達局令：「槍下留人。」但已遲了片刻，于、王二人已返魂無術了。

于安民對於相命之術，平日曾有研究，當被扣押時，曾暗中推算自己命造：適逢是年流年沖犯提綱；再對照一下面相部位，時年三十九歲，正走眼運。他雙目深陷，眼露紅筋，自知恐將不免，於是走訪相命者異谷子，求驗於鐵板神數，希望有一線生機。哪知異谷子推至這年三十九歲時，詞註云：「六六加三，迅雷風烈勢難支。」再推：「數止矣！」這是于、王被執行祕密制裁時的奇聞之一。

當執行制裁電令譯出時，站長王立生立即派交通往覓事務員夏某，購備棺木二具安葬死者，久久不見夏來，適另一事務員吳某匆匆自外歸，王乃覆命吳某速速辦理。哪知覓夏的交通，和夏遇於市上，說明相覓緣由，並請從速辦理。夏遂急忙購得棺木二具，運往執行地點。剛一運到，而吳某亦購到二具，人命兩條，棺木四具，耗錢事小，似此不祥物，多來何用？於是只好補償一些「利市」，原件退回，棺材老闆，弄得啼笑皆非。

這一怪事發生後，大家議論紛紛，都以此事為不祥之兆。果不數日，事務員吳某和譯電員黃馨，竟於執行地點附近河邊游泳，雙雙溺斃。於是，仍將退回的那兩具棺木購來，算是應了這個「不祥之兆」。

四、唯一被除名的局內人

「軍統」中無論上下內外人員，除死亡外，向例是准進不准出，就中唯有喻×離被除名，算是唯一的一個例外，而且是戴笠親自處理的，事情的經過是這樣的：

喻×離（現任國大代表，居臺灣）原是軍校六期，和戴雨農同班同學，在「軍統」中算是元老派，地位相當高；他是筆者的一個牌友，有一段時期，幾乎天天見面。可是，這位朋友，生性好強好勝，好女人而不揀胃口，好作威福而不自檢點；滿臉虬髯，一日不剃便于思于思，朋友們都稱他一聲「騷鬍子」，他也不以為忤，但若他們的同志有此稱呼，那就非吃苦頭不可了。大概此君是一個可以做朋友而不可以共事的性格。民國三十三年間，他的公開職務是江西緝私處副處長，祕密職務是「軍統」東南區的總督察，真有專制時代賜有上方寶劍的欽差大臣權力，聲勢赫赫，震鑠一時。但由於他對同志間，素喜威福自恣，因此眾怨沸騰。那時戴雨農正赴福建建甌和浙江淳安一帶，籌策忠義救國軍事，路過泰和（江西戰時省會），於是凡吃過他的苦頭的人，這時都來修怨，紛紛向戴檢控他的過失。戴乃召集當地的高級幹部，如稅警第三團團長伍光宗、緝私處長楊遇春、泰和警備司令柯漢清和喻氏本人，當面詰問。戴笠一面翻閱控詞，一面訊問，不到幾句話，戴已怒不可遏地將控詞擲於喻之面前，拍桌大罵道：「算我戴笠瞎了眼，把你認作資深望重的老同志，你卻作威作福，凌壓同志，紀律不能容你，革命家庭不能要你，非殺你……」

在坐的人，一見戴笠緊豎濃眉，圓睜大眼，已是凶神惡煞得駭人，一聽到他吼出一個「殺」字，大家更著急起來，替喻氏可危了。於是，不約而同站起來，向戴氏要求從輕發落。大家圍住著苦勸，勸來勸去，才將戴氏的怒火平息下去，終於以低沉的語氣說道：

「好吧！看在校長的面上（指蔣先生），和你們各位的要求，節省一顆有用的子彈。可是，我們的組織裡，絕不能要他！……」說畢，即提起筆來寫了一紙「著即除名，永不錄用」的字條。於是，喻氏遂開創了軍統人員除名的先例。

第十八章

軍統在淪陷區的艱險爆破工作

「軍統」自執行前面所述的幾樁大狙殺案後，一時轟動全國，成為茶餘酒後的談助，輾轉流播，以訛傳訛，有的竟將「軍統」狙殺人員，看成為滿清雍正時代的「血滴子」，來無蹤，去無跡，取人生命，直如探囊取物，幾乎神奇化、小說化了，說來也頗有趣。其實，就「軍統」本身的情報、狙擊、爆破三大實際情形說來，其成績最優良、行動最正大，而鬥爭最艱苦的，當以「爆破」工作為首屈一指。而「軍統」在各淪陷區的爆破工作，根據民三十年至三十二年「軍統」歷屆「四一」紀念大會的工作檢討報告，這三年的成績，始終以「南潯區」（南昌至九江間）居第一位。迨至三十一年以後，日軍對南潯鐵路的守護，深感防不勝防，無法安枕，乃忿而將南潯鐵路拆毀。自此以後，「軍統」的爆破成績，才由「京滬區」（南京至上海間）起而代之，南潯區降為第二位，其他淪陷區，則始終居第三位以下了。

一、鄒開泰大名寒敵膽

這些對敵偽破壞的「爆破」工作，雖未能如狙殺案的轟動一時、膾炙人口，但確是抗戰期中，「軍統」重要工作之一，也給予敵偽人員的打擊不少。而從事爆破工作人員的艱險經過，與慘烈鬥爭，卻也值得一述。茲據一位曾負責過南潯區爆破工作的友人某君，概述情形如下：

南潯鐵路為南昌至九江的簡稱，全程三百六十華里，以南昌牛行站為起點，經樂化、新祺洲、涂家埠、德安、黃老門、沙河而終於九江，在浙贛鐵路未通車前，為江西旅運出入省境的大動脈。自二十八年春，日軍占領南昌後，其兵力與物資的運輸，即以南潯線為主。因此，「軍統」在這一地區的爆破工作，亦即以南潯路為主要對象了。

其時，「軍統」派在南潯路負責破壞工作的，為「軍事委員會別動軍南潯爆破隊」，下轄三個中隊，若干小隊，再由小隊分成若干組，每組人數，約等於甲種師的班。工作時，通常以組為活動單位，駐無定所，總隊部則設於南昌至九江之間的崇山峻嶺中。其負責聯絡的交通員鄒開泰（化名），當時不但沿途人民，一聞鄒開泰其名，有談虎色變之慼，即沿路日軍，亦互相警戒著：「遇到鄒開泰，一定死得快（按此為日軍學的中國語）！」

他們行蹤飄忽，時而到東，時而到西，日軍曾下過無數次的大決心，意欲將他們消滅。然而，他們絕對避免硬打硬拚，日軍來了，便失去了他們的蹤跡。但若日軍進行搜索，稍一不慎，便會遭到突如其來的打擊。

民國三十年秋間，駐在九江的日軍「一一七」聯隊，曾傾巢出動，欲將爆破隊的指揮中心消滅。這一祕密行動被他們偵知了，於是，馬上通知附近的地方游擊隊，先將老弱婦孺和非戰鬥員撤退，星夜馳至日軍必須通過的沿途要隘處，裝置爆破工事，祕密埋藏甲鐳（形如一面鼓，黑色，直徑約十英寸），一面集結他們的行動員、爆破員，配合游擊隊，分佈於袋形地帶的兩山腰間，成一道長約十華里的交叉火網（整條山衝）等待迎擊日軍。

大隊日軍在山衝口停止了，立即派出哨兵進入谷中搜索。將至半谷中，突然與游擊隊接觸，日軍的前衛隨即加入戰鬥，游擊隊且戰且向谷中深處後退。日軍正在緊追不捨下，大部都已進入谷中，突然兩面山谷埋藏的鐳爆發了，滿谷轟隆聲此起彼落，震撼山嶽，沙石破片齊飛。日軍知道中了埋伏，慌忙後撤時，而事前埋伏在谷口兩邊的游擊隊，更以密集的火力轟擊，打得日軍焦頭爛額，死傷累累。假使當時我方戰鬥力堅強的話，那個日軍聯隊，可能全部被殲，但事實上也已死傷了六七百人。從此日軍再也不敢輕易出動，而他們的指揮站，從此也安如泰山了。

二、南潯路火車頭遭殃

破壞工作的進行，以機車（火車頭）為主要對象，橋樑路基次之。進行的方法，以重約兩公斤的TNT，配成一具壓發的爆破器材，於路軌底層掘穴而裝置之，地面覆以同一形色的土與草，不使遺留著絲毫痕跡：迨機車通過時，其重量自然壓使鐳管洞穿安全隔離片和信管接觸而爆發。有時也使用電發，則視地形與環境而定；但絕不使用點火的方法，因為點火費時而易誤事也。

南潯路原有機車十七個，在「軍統」的爆破隊不斷地破壞下，最後剩下可使用的只有兩個半。因此，在民國三十一、二年之間，日軍在萬分憤恨下，竟將鐵路全部拆毀了。

鐵路沿途，原駐有偽軍，這批偽軍大都是被裹脅而來的。他們不敢離鄉背井，失去生活依據，事後又迫於淫威，不能不俯首順從，因而常常蒙受「私通中國兵」的嫌疑遭到殺害。

爆破的工作既要繼續執行，但對偽軍的無辜牽累卻又不能不顧慮。初時只是於任務完成後，當場將他們連人和槍一併帶去後方，另行設法安置；但，這一方法，只能顧及偽兵本身的安全，而他們的家屬反而因此慘遭殺害。這些牽累的顧慮，曾使「軍統」爆破部門增加無數的困難，有時迫不得已，只好將偽軍就地犧牲，藉以拯救他們的全家，這一點是最不易為人所諒解的。

三、人需勇敢，腦要簡單

爆破員的人選，以頭腦簡單而勇敢為標準，有時他們的懵懂作為，會令人發笑，而他們的成功，每每會超過聰明人想像所不及，同時他們的犧牲精神，說來確也令人肅然起敬。

例如：他們破壞敵人的電話線，卻能別出心裁，而令敵方一時無法查出破壞的所在，因而通訊中斷每每連續幾晝夜。他們使用的方法，即將扭在電桿柱上近瓷墩的電線，先行拆下剪斷，而易以和鐵線粗細一般的牛筋（即彈棉花的弓線），接口藏在瓷墩與電桿柱之間，從表面看來，電線毫無破壞痕跡，但卻不能通過電流，無法找出毛病所在，最後只能全部拆下來檢查。但當日偽人員拆至山區地帶時，爆破人員再來一次突襲，因而，搗亂得敵方日夜不安。

四、自作聰明差點送命

再說爆破員的懵懂處：當時有位新加入工作的同志閔長生，其時年才二十，年輕人對於新鮮而有刺激的玩意，總是特別有興趣的。某次，組長計擬對駐在南昌順化門日軍檢查站施以破壞，正待選派人員時，那小伙子自告奮勇地願意前去。組長因他年輕，又未單獨試過手，恐他不能達成任務，但他堅決要求，自也未便洩他的勇氣。

當技術指導員授與他一具器材，說明了用法與性能，並且告訴他點火的方法。他領令後，覺得這玩意很新奇，同時對那捲電線似的東西，居然可以點火，表示懷疑。但他相信這絕不會開玩笑的，他懷著興奮而緊張的心情。

「這捲導火索著火後，要燃燒多少時間才爆炸？」他突然將他內心的懷疑提出來，向另外一個同志詢問。那位同志隨口回答道：「大約可走一百個來回步。」

他「噢」了一聲，沒有再說什麼，但心裡卻認為這一百個來回步的時間，未免太長了。於是偷偷地剪去了一段。事實上，導火線的長度，事前已經過縝密計算而配備的，絕不會過長或過短，而那位答話的人，也只是隨意一句話，卻不料這句不經意的話，幾乎斷送了他的性命。

工作進行妥當後，他點著火掉頭就走，但還沒有走到預定的隱藏脫臉地點時，已轟然發出了一聲巨響，他仍然還未跑出鐵絲網。鄰哨的日軍聞變後，已持槍跑步進來，竟將他捕住了。經過一番拷問，日軍誘迫他做嚮導，搜捕他的同黨，他承諾了。

他被押著將近走到他所指的地點時，須渡過一道河流，水急而流濁，只好登上渡船。但因船小不能一次載完同隊的人，於是便分兩次渡過。當船渡至中流時，他乘押他的人不備，突然扭著一同下水了。岸上的日軍見狀，即鳴槍射擊，但他已潛匿到船底下去了。

這渡口原是個兩不管的真空地帶，槍聲驚動了散處彼岸的「軍統」行動人員，各攜武器趕來接應，其中也有他們的爆破人員。日軍在這些地帶，很少戀戰的，只好掩護渡船上的同伍登岸後離去。閔長生卻從容地在水底摸索，取著日軍的遺槍登上彼岸，與同志們且行且談失手被捕的經過，大家都替他捏一把汗。

五、無名英雄可歌可泣

每逢各種紀念節日，尤其是國慶日，局本部照例要給各地區以各項任務，藉以振奮聲威的。三十年雙十節前，又奉到局本部的破壞行動命令，擔任南昌市區的爆破組，便著手計劃爆炸南昌偽儲備銀行。但地點是在市區中心的中山路，這裡的戒備森嚴，爆破器材實在無法運入目的地，爆破員只好將那爆破器材，懷往安全地帶藏著，等候使用的時機。

當那爆破員行經江西省銀行舊址時，突被日軍門衛喝住，要進行搜查。此時，那爆破員心知要逃也逃不了，唯有咬緊牙關，抱著「同歸於盡」的決心，於是，迅捷地，將器材上面的安全隔離片抽去，立刻轟然一聲巨響，不僅那兩個日本衛兵和他自己全已血肉橫飛，而江西省行的門牆，也同時炸塌了。

民國三十年的春間，「軍統」潛伏在九江的情報組失事，失事的經過是：電臺被日方的定向偵察機發覺了潛藏的所在，他們已被監視著而不自知，繼之被日方人員暗地跟蹤循著我方交通傳遞的線索而一網成擒。

這次的失事，可說是「軍統」敵後工作最大的失敗，被捕的人員，包括有組長、交通員、報務員、掩護人、接洽站、電臺等整個組的組織，除了情報員外，幾乎無一倖免。日方得手後，企圖用嚴刑迫使他們替日偽做工作，他們全拒絕了，於是，先將組長的手足反綁起來，命人就地來回地倒拖著在街上走，直至血肉糢糊，氣絕身死後，再行按入痲袋，置於江邊碼頭，強迫江邊洗衣的婦女，用搗衣杵不斷地搗擊，終至剩下一堆白骨為止。

這些可歌可泣的無名英雄抗日故事，在八年的抗戰中，該是書不盡書，這裡所述的，只是若干例子之一而已！而這些出生入死、身經苦鬥的人員，自大陸淪陷後，有不少人逃到海外，過著有家難歸、有國難投的生活。究竟他們負了國家？還是國家負了他們？讓高明的讀者去定論吧！

第十九章 由戴雨農、胡宗南說到梁幹喬

在黃埔同學中，能夠獲得蔣先生知遇的，自然不乏其人，但其寵眷之隆、信任之專，始終不替的，卻只有兩人：一是不久前在臺北逝世的胡宗南；另一即是本文的主角戴雨農了。其他的同學如賀衷寒、鄧文儀、康澤諸人，雖也曾先後受過蔣先生的眷顧，可是有的或紅或黑，有的乍起乍落，甚至曇花一現，即被沉之九淵，永遠不得翻身，這一類的事實，卻也不在少數。其原因：一則由於蔣先生愛憎無常、喜怒難測，偶一違忤，即遭貶黜。一則由於中國人為的政治傳統，只問愛憎，不問功過，所謂：「宦海風波，禍福莫測。」證諸往史，其例實多，又不僅蔣先生一人而已。

一、一內一外呼吸相通

因此，在中國官場中流傳著一套長保權位的要訣：「對上要通聲氣，對下要有黨援。」權位越高，越需要如此。否則，光棍一條，孤立無助，任你是天生聖人，或英雄豪傑，也斷沒有不失敗的。降至今日，此所以小圈子、小組織越鬧越多，越演越奇也。胡宗南與戴雨農二人，一則受西北專閫之寄，一則膺中央機密之任，一直扶搖直上，成為軍政要員中的不倒翁，其主要得力處，便是互相結納、互通聲氣、互為奧援的結果。

胡宗南以黃埔第一期生，親炙師門，受過蔣先生的耳提面命。戴雨農任侍從副官，追隨蔣先生不離左右。兩人既皆深切瞭解蔣先生喜怒愛惡的特性，而且又是蔣先生的同鄉，結納自極容易。不過，胡的期別和地位，遠較戴笠為高，最初也並未覺得有若何特別需要。直到民國二十年「軍統」成立，戴氏奉命全權主持其事，成為蔣先生左右得力之一員，這時胡早已高據第一師師長地位了。胡是孝豐中學當過歷史教員出身的，對於歷代的大將疆臣，建功立業，長保權位，如果宮中不結納宦官，府中不結納權相，沒有不蹉跌甚至於蒙冤被禍的。因之，他與戴的結合，自然極其需要了。至於戴氏以六期的小老弟主持「軍統」，領導著大批的老大哥，終不免有許多不甚翕服之處，一旦能得到這位龍頭大哥的支援，不但對黃埔同學方面能起著影響作用，而對於蔣先生也有著互相援引的作用。這是雙方面的需要，自然是深相結納了。

自此之後，胡宗南雖然遠戍數千里外，而對於蔣先生一切動態與意向，自軍國大事以至生活起居之微，莫不呼吸相通，瞭如指掌。因為，他們二人，每日都有著密碼電報，互相通訊，有時竟通著長途電話，等於替蔣先生著起居注。於是，蔣先生在某一段時間的動態如何？心情如何？意向如何？都在他們二人談話中。他們便可相機進言，或互相汲引，或希意承旨，一內一外，永遠不會碰釘子、撞板了。後來，這些內幕漸漸洩露出來，於是便有許多人模仿著，多方結納蔣先生的侍從，但始終沒有戴笠所供給的那麼權威與正確。原因是，蔣先生的侍從，大都是透過戴笠替他挑選的，甚至可以說大部分是戴氏的人，自然一切全在他們包圍注視中了。因此，曾有人批評戴笠對蔣先生並不事事忠實，說他只問目的，不擇手段，連蔣先生身上的工作都做起來了。這些話自然說得過火一點。

胡、戴二人結合的起因，雖然是基於利害的關係，但後來二人的情感，卻是極其篤厚的。他們不見面則已，一見面便如久別重逢的情人一般，總是關著門祕話綿綿的，談個滔滔不絕，有時談至夜深，戴將胡送回去了，到了胡的那邊又再談，等到談了一大段，胡又將戴送回來時，依然是說不完、談不斷的，他們二人便這麼「送情郎」般地，送來送去，越談越長，終於通宵達旦，到第二天才睡，說來也真滑稽有趣。

二、大來大去，用了再說

記得民國三十一、二年間，戴雨農因兼任財政部緝私署署長，因為執行時出了差錯，不能安於位，結果，戴雨農署長兼職被撤免，由宣鐵吾繼任。而這時正是戴笠紅得發紫的鼎盛時期，兼職之多，任何政要也無以比擬，除了本兼的「軍統」局長、「緝私署」署長外，還有財政部戰時貨物運輸管理局局長、軍事委員會水陸交通統一檢查處處長、全國人民動員委員會主任、中國警察學會會長、中央警官學校教務委員會主任委員、西昌行營調查組組長、中央訓練團警衛組組長，以及「軍統」轄下的各種特別訓練班班主任等（後來的中美合作所主任以及肅奸委員會的主委還不在內）。從這許多兼職看來，可以暸然於戴雨農的潛勢力，幾乎遍佈於中央與地方了。從戴氏個人權力說來，抛掉一個緝私署署長又算得什麼呢？可是最使戴氏遭受致命打擊的，不是署長這個官職，而是全署的經常費。

原來，戴氏自民國二十九年兼任緝私署署長以來，不但已將「軍統」、「緝私署」兩部門的人事、經費混合調配運用，而且挪用了一大筆經費去組織忠義救國軍。這些經費的運用，大部分屬於特機費，並未經過立法手續與程序，更不能和一般經常費用開支可比；如果特別通融的話，只要造個總報銷經蔣先生批一下也就解決了，如果要依據法案手續辦，那就永遠無法報銷。在這事計劃之初，雖然得到過蔣先生的允諾，但也只限於計劃與原則。至於經費，自必待將來的實際需要再行請領。可是，戴雨農一生是大刀闊斧慣了的，得志以來，一帆風順，從未遭遇過任何風波，兼之自恃得蔣先生的特殊寵信，錢，用了再說，橫直有著緝私署的經費可以挪墊，顧慮什麼？即使有天大的事，只要蔣先生一點頭，也就解決了。

哪知緝私署署長的職務一交卸，稽核他任內的經費，竟虧空了兩千餘萬元，其時法幣雖已貶值（大概貶值了百分之四十至五十），仍不能不算是一筆巨款。但戴雨農一生手筆是大來大去，本身是沒有積蓄的，要追繳也不可能，唯一的辦法，便是按住扣發「軍統」的經費。這一來，可把戴雨農搞得焦頭爛額，無計可施了。他在萬無辦法之中，只好分頭向胡宗南、宋子文做將伯之呼，才算維持了一個短時期。其後，又由宋子文氏一再勸告戴氏出國去換換空氣。戴起初不允，後來終於答應了，而且一切都在安排中，行有日矣。恰巧，美國派著主理遠東情報事務的梅樂斯（海軍准將後升少將）來華，商量合作成立「中美情報合作所」，關於經費、武器、器材等，統由美國負擔，才算挽救了戴雨農拋官去國的命運。

三、梁幹喬與戴、胡關係

寫到這裡，筆者要附帶介述一下梁幹喬這個人。梁幹喬不但和胡、戴二人有著深切重大的關係，而在前一時期，他是「軍統」的導師，後一時期則為胡宗南的軍師，這對於「軍統」瞭解中共，和胡宗南鎮守關中的防共，都具有極大的關係。

梁幹喬為胡宗南同期同學，黃埔畢業後，即赴莫斯科留學，不久，便成為中國留俄學生中的風雲人物。他一生崇拜托洛茨基，為托派「我們的話」系的領導人，能文能武，有膽有識，在莫斯科曾不避艱險地有過若干次革命行動，而最精采動人的一次，是親自撐著旗幟率領著國際縱隊遊行列寧紅場，在史大林特務環繞密佈之下，高呼「擁護托洛茨基政策，打倒史大林」的口號；結果，被史大林逮捕了，將他放逐西伯利亞的冰天雪窖中。他出生入死地逃回中國自首，為「軍統」效死力，蓋欲借國民黨的刀大殺史大林黨人也。

是時「軍統」成立未久，規模初創，卻肩負著「擁護領袖定於一尊，對付日人，對付中共」三大任務。而前二者的工作，只是情報、行動的運用，後者則必須從深切瞭解中去尋求對抗的方法與行動，屬於政治性的鬥爭。就此三項工作來比較，後者自然艱深得多了。其時，「軍統」中瞭解中共的人並不多，有之，也只是懂得一些皮毛，甚至只是瞎子摸象而已。自梁幹喬效力「軍統」後，才指導「軍統」工作人員運用共產黨的一套理論方法來對付共產黨。換言之，即：「以其人之道，還治其人。」自「軍統」成立之初至抗戰前夕，這一套對付共黨的技術基礎才算奠立，這是梁幹喬借刀殺人的第一步表現。憑著戴笠那麼眼高於頂的人，至此也不能不傾服了。

後來，胡宗南坐鎮關中，集軍、政大權於一身，為中央防共堤防之所寄。戴笠深知胡宗南由「復興社」脫胎於法西斯的一套做法，究不能從瞭解中去對付中共，因此，將梁幹喬特別推薦給胡。從此，梁氏遂運籌翠華山上，決策王曲營中，成為胡宗南的「軍師」了。

四、有用之才終被犧牲

當時，胡宗南在陝西建立的戰鬥體，乃納軍隊動員與民眾組訓於一爐，而以指揮部統率之，亦即軍隊、民團的混合體。梁以指揮部參謀長負責組織民眾，訓練民團。全省共有民團六萬人，幹部全是「七分校」清一色的學生，訓練之精，為當時全國民眾組訓之冠。最奇特的是，這些民團，全做古代戰士打扮，頭戴風帽，手執紅纓槍，假然為戚繼光的軍士模樣，有「政治小組」貫穿到每一民兵，有「情報小組」深入邊區，有「生產小組」到處墾荒。這些和延安同一外形而政治性能恰恰相反的「赤衛隊」，使得中共對邊區的發展，受到極大的障礙。動員指揮部分為兩區：一為「邠洛區」，自西安北部橫亙數縣之橫帶地區，為防止中共向外伸張之封鎖線，由梁氏擔任指揮。一為「商同區」，自西安北東部縱十二縣之縱帶地區，為防止中共向外伸張之封鎖線，由蔣堅忍擔任指揮。「商同區」以軍隊為骨幹，而輔以民團；「邠洛區」則純以民團任之，絕少軍隊。蓋其時對付中共，只是「以組織對組織」的政治鬥爭，而非軍事武力的決戰也。這是梁幹喬從「理論」到「實驗」的第二步表現。

梁氏的反共，有理論，有作為，如果能盡其才，行其志，不受牽掣予以大用的話，也許在反共的措施上，會有著若干有效的成果；更不致如今日的一般自命為反共專家，滿口「教條」、「術語」，實際對中共的一切毫不瞭解，不是捕風捉影，便是瞎子摸象、自欺欺人，幾何不為中共笑掉牙齒啊！所可惜的是，戴雨農也好，胡宗南也好，始終是以有色眼鏡看成梁幹喬只是一個「反共的技術人員」。日夕親近者，尚且如此，至於中央自更無法用這樣的奇人了。

最後，梁幹喬終於在派系傾軋下而被打倒，不久便憂憤吐血而死。這一代有用之才，便如此犧牲了。

第二十章 戴笠策動廣東空軍北飛記祕

戴笠一生，充滿了神祕性與傳奇性，較之「中統」的葉秀峰、徐恩曾之沒沒無聞，直不可同日而語，其得蔣先生之信任也以此，其聲名煊赫也以此。其生平得意傑作頗多，而最關統一抗戰的大計的，是策動南天王陳濟棠所統轄的粵省空軍輸誠反正，歸命中央。這一事的結果與影響，加速了南天王朝的崩潰，結束了多年割據的局面，促成了全國統一抗日的決策，而且這一幕就充滿了一個說客的神祕行徑。其間的來龍去脈和經過的曲折，說來也怪有趣，值得為讀者一述的。

一、空軍北飛變成三缺一

民國二十五年五月中旬，西南執行部幕後主腦人物胡展堂（漢民）先生病逝廣州，中央聞訊後，特派王寵惠等大員八人，遄赴廣州，名為弔喪，實則問政，對於粵省的軍權、政權，曾與陳濟棠做試探式的要求歸還中央，以實現全國統一，抵禦外侮。陳濟棠對這中央意旨，表示無法接受，一面即聯合桂系計劃採取行動，對抗中央。

陳濟棠既做出上述的決定後，遂一面加緊將原有的陸海空軍整編，一面與桂系密取同一步驟，至六月九日，粵、桂兩省同時頒下動員令，揮軍北進。十日，粵、桂兩軍已分次逼近湖南衡州、永州等處。時蔣先生曾一再致電陳濟棠，命迅速撤出入湘部隊，澄清外間謠諑，一切決於黨的決議，不宜自由行動。陳氏與桂系獲此電後，感於師出無名，乃通電全國，申明對時局意見和動員抗日決心，並以粵、桂兩省聯合另組獨立軍事委員會，陳濟棠為委員長，兼「抗日救國第一集團軍總司令」，李宗仁為副委員長。

這些聲勢洶洶、劍拔弩張的部署與號令，在當時看來，確有「山雨欲來風滿樓」之概。但不旋踵，即峰迴路轉，終於促使陳濟棠放棄用武，其間卻有三個主因：

第一，余漢謀率一軍自贛南大庾四師；

第二，李漢魂於粵東汕頭掛印封金，發表對時局宣言；

第三，黃光銳等率粵省全部空軍，北飛江西投歸中央。

陳濟棠面對著內部三大肘腋之變，眼見大勢已去，於是，乃集合粵省文武高級人員，如主席林雲陔、廣州市長劉紀文、省會公安局長何犖、第三軍軍長李揚敬、民政廳長林翼中等，會議於廣州梅花村三十二號官邸作為和、為戰的最後決定。終，於陳濟棠離穗來港，南天王朝於焉告終。

本來，余漢謀之第一軍，雖已由大庾直循粵漢路，將南下廣州，但張達之第二軍，已進抵韶關佈防，計劃與回師之第一軍，做旗鼓相當的對敵。李漢魂雖已離開汕頭，而陳氏留汕之心腹部隊，仍可控制汕頭局面。其中最令陳濟棠頭痛者，則為黃光銳率全部空軍北飛。雖然當時空軍並不是作戰的決定主力，但，全軍飛去，而三軍已缺其一。空軍如此，其他是否可恃？兵未臨陣已如此，交綏時又誰能保證無意外？這一來，對於士氣的打擊，與乎陳濟棠決心的動搖，關係太大了。即使陳氏悍然不顧一切，勉強一戰，其結局亦必歸失敗，自可斷言。

二、戴笠化裝隻身來廣州

關於前二者余漢謀、李漢魂的中變情形，因不屬於本文範圍，姑不申論，且將戴笠策動空軍內幕情形，述之如次：

南天王朝，當時雖屬割據偏處一隅，然而空軍建設卻具有相當的基礎，在中央安內攘外、積極準備對付日本侵略的決策下，自不願未抗日而先來一次內戰。尤其，對於空軍，在人力、物力、財力上，建設都極感不易，自然是極其珍視，而思有以爭取與保全的。可是，粵省空軍的主持人黃光銳、丁紀徐，既非中央空軍系統，人事上更毫無淵源，這事應如何處理呢？這是當年蔣先生再四考量而深感棘手的。戴雨農是經常最接近蔣先生之一人，對於領袖深藏方寸中的心事，是最能瞭解而逆知的；他窺準了這件事後，心中兀自盤旋著，覺得這事唯一的方法，只有冒著一切的危險，親自去做一次說客，剖明中央抗日的決心、委座（委員長的尊稱）對他們的期望，以及避免內戰的利害得失。他自信憑著他一套誠懇的說詞和燦花妙舌，應該會不虛此行的，這時他儼然以戰國時代的策士、說客自命了。

他在再四考慮決定後，也不向蔣先生請示，更不與任何僚屬商量，他只告知毛人鳳說要外出公幹，便喬裝商人模樣，一個人悄悄地逕自搭車抵達廣州。到了之後，也不與「軍統」派駐在廣州地下工作人員取聯繫，獨來獨往地兀自一個人將空軍司令部地址探明了，便向衛兵指明要見黃司令。衛兵問他的姓名，不說；問他見黃司令何事，也不說。但他卻再三要求非見黃司令不可。衛兵被他纏得沒有辦法，看他的衣著、氣派不似普通商人，又不敢得罪他，只好將他帶到副官處。值日副官再詢問他的姓名、目的，他還是不說；搜查他身上，除了一些零用的鈔票外，卻又沒有其他可疑的東西。副官一時也拿不定主意，只得將這位神祕陌生來客的情形，報告請示。

二、黃光銳密晤神祕來客

黃光銳聽了，也自覺得納罕，心想：「究竟是什麼人，這樣神神祕祕地偏要找我，我倒要看看他是怎麼一個怪客？」於是，便叫副官將來客帶進會客室來。

黃光銳與戴笠原是認識的，但並沒有深交；現在隔別好幾年，又當雙方交兵之際，他萬想不到戴笠會在此時突然到廣州來；何況戴笠經過巧妙地化裝，已不是本來的真面目，自然無法認得了。可是，戴笠對黃光銳卻並不陌生，但他此來是冒著深入虎穴龍潭的危險，來做祕密說客，黃的真正態度如何，他還無法瞭解，為了慎密、安全起見，自然不肯當著副官們還在面前，輕於暴露自己的身分和姓名。他和黃光銳一見之後，不等對方開口，便編了一個謊，說是：「來自香港的，替令親託我帶著口信，要我親自面達黃司令，請恕我冒昧！……」黃光銳聽了，一時也想不起有什麼親戚在香港，便含糊地客套了幾句。接著，戴笠要求請屏退客廳中的左右隨從，以便詳談。黃光銳考慮了一下，終於點頭答應了。

戴、黃二人在會客廳一頓唧唧噥噥之後，便又轉到黃的密室中，閉著門又談了半天。接著，黃光銳親自掛軍用長途電話給丁紀徐，要他即刻乘飛機趕來見面。及至丁紀徐到來，他們三人還是關起門來密斟，不准任何人前來打擾。司令部中的幕僚人員，對於這個突如其來的神祕怪客，個個感到驚異，也不知道是何方神聖？他們究竟搗什麼鬼？無人能予捉摸。

經過了數小時的密室傾談，已在黃昏之後，夜色蒼茫了，這個神祕來客，在黃光銳、丁紀徐兩人親自伴送的嚴肅氣氛中，離開了空軍司令部。這個客人頭上低壓著一頂呢帽，戴著墨晶色眼鏡，嘴角掛著一絲笑容，已不似來時那麼呆板的面孔了。但在兩個主人的臉孔上，卻充滿了嚴肅的表情，彷彿滿懷心事似的。

三天後，這位出現於廣東空軍司令部的神祕怪客，又在南京航空委員會辦公廳主任周至柔的室中，祕密深談了。無疑地，這個神祕人物就是戴笠。他陳述著廣州之行，和黃光銳、丁紀徐密談的結果，說明他和黃、丁三人已成立一項密約，廣東的空軍決定脫離陳濟棠，全部北飛歸命中央；他們當然附帶了條件，其中最主要的是：一次付給他們以北飛的代價五百萬元，和他們抵達南京後工作的安排與保障。戴笠冒險做說客的意外收穫，雖然使得周至柔等人為之格外興奮，但他們始終懷疑：萬一巨款付了而空軍仍不飛來，這事誰來負責？這也難怪，因為這時戴笠的信譽與聲望，還不到一言九鼎的份量。

三、拜訪孔部長柳暗花明

本來，五百萬元在當時確是一個偌大數字，即使相信戴笠的話是真，可是，廣東全部空軍萬一得了這筆巨款之後，或食言而肥，或中途橫生枝節，豈不等於賠了夫人又折兵？因此，空軍當局一面嘉慰戴笠單槍匹馬深入虎穴的冒險精神，一面卻說這事要等他們慎重考慮再做定奪。

戴笠原抱著一番熱烈興奮的心情而來，現在所得的結果，卻是一個不著邊際的「拖」字。他帶著萬分失望和懊喪的心情，走出航空委員會的大門，思前想後地考慮：航空委員會的意見如此，萬一委座的看法也是這樣，那怎麼辦？這一趟辛辛苦苦的經營，眼看著就要付諸流水？他想到極處，竟連面報委座請示的勇氣都消失了。他坐在車上茫然四顧，忽見財政部呈現在眼前，靈機一動，他想到了財政部長孔祥熙：這事不妨與孔部長談談，看他的意見如何。他以病急亂投醫的心情撞撞看，大不了準備再碰一個軟釘子。他主意打定，便下車去拜訪孔部長。

就在將熄滅的灰燼中，意外地重燃起來。孔祥熙聽了戴笠的一番說明之後，表示最大的興趣。孔認為：五百萬元數目雖大，只要成功，所獲代價十百倍也不止，不僅可以爭取一批空軍，甚至可以消弭這場內戰災禍於無形。無論如何，是值得一嘗試的。他拍拍戴雨農的肩頭，向戴做支付這五百萬元的承諾，他說：「錢，我負責；事情，你負責。」

戴笠滿懷興高采烈地辭別了孔祥熙，坐進車中在欣喜若狂的心境下，卻不禁唸起《千家詩》中：「山窮水盡疑無路，柳暗花明又一村」來。

數天後，正是七月四日，南天王陳濟棠轄下的粵省空軍，在黃光銳、丁紀徐兩人的率領下，全部北飛，降落在南昌青雲譜側機場待命。

陳濟棠對於這次的進軍，內有自己一手掌握的海、陸、空三軍，實力相當雄厚，外有桂系的支持，分進合擊，自然是抱有十分信心的。哪知陰鬼上門，變生肘腋，結果，不待交綏即已變了一個軍，三鼎足已缺其一，自撫無法立得住了。據傳，陳氏在發難之初，曾扶乩以做行止取決，乩盤上赫然顯示著「機不可失」四字。陳見了特別高興，以為是「時機不可失」，誰知這四個字應當另作解釋呢？

第二十一章 戴雨農與「中美合作所」

由於美國梅樂斯海軍准將來華，商定成立「中美特種技術合作所」（後改稱「中美情報合作所」，簡稱「中美合作所」），臨時挽救了戴雨農的拋官去國的命運，這在戴氏個人事業與職位說來，該是值得慶幸的。但這正是他的不幸，他如果不經過此一番周折遥然出國去了，也許後來便不至於機墮身死？天地間事，總是這樣陰錯陽差、禍福倚伏的。這且不說。可是，當戴氏將出國而未出國之間，為了清理財政部緝私署署長任內交代，雖然有宋子文、胡宗南二人將伯之助，也只能了清交代，對於挪用預支「軍統」經費，仍屬無法歸墊。因此，在這一段時期，「軍統」上下內外勤人員，已有六個月沒有領得薪給了。

一、引起美人重視的傑作

本來，美國對於中國的抗日戰爭，初期只是一種象徵式的精神上、道義上的支持，和些小的物質上的援助，談不到利害一致地並肩作戰，直到「珍珠港事變」後，中、美兩國邦交，始由利害一致，進而並肩作戰。

在「珍珠港事變」前，「軍統」便經常將收譯到的有關日本空軍、海軍活動的情報，通過中國駐美大使館武官聯絡處，送給美國情報機構參考；但因西方人士傳統上有一種自命的優越感，對於中國透露的情報資料，照例是「相應存查」，不予重視。迨至日軍偷襲珍珠港，以壓倒的空軍力量，使美國海軍受到致命的打擊後，再將中國歷次送達的情報檔案，細細翻閱研究一下。哪知檔案中已在一個月前，已將日軍冒險南進的陰謀，出動的兵種、兵力，以及時間、地點，已清楚地指出。

先知之言，瞭如指掌，對照之下，不爽毫釐。這時，美方才感到驚訝讚佩，開始注意「軍統」的情報。美國海軍參謀部情報署才亟亟一面派員和中國駐美大使館武官——負責轉達情報人蕭勃商談，一面通知美駐重慶大使館武官廸帕斯上校和戴笠聯絡。

戴雨農得知這一消息後，其欣慰興奮之情，自然不言而喻。他一面表示歡迎，一面報告蔣先生請示。蔣先生自也贊成「軍統」能與美國早日合作，共為神聖的抗日戰爭而努力。廸帕斯得到完滿答覆後，立向華府覆命。不久，美海軍參謀部即派遣主理遠東情報事務的梅樂斯准將，在中國武官蕭勃陪同之下，相將由華府直飛重慶，對於中、美情報合作一事，做具體的商談。

二、中美合作所正式誕生

梅樂斯准將的來華雖是奉命專程商談中、美情報合作事，但他對於「軍統」的珍珠港情報，還懷疑是一種偶然的巧合，因此，他還要對「軍統」再來一次考驗；在諸事尚未談出具體方案以前，首先向戴氏提出一個要求，要求在一星期內，獲得中國沿海岸和東南亞各地的氣象紀錄。戴笠滿口應承了。到了第三天，各地的氣象紀錄已源源送到梅樂斯手中。這一來，他抱著滿懷信心地，建議海軍參謀部及有關情報機構，設立「中美特種技術合作所」。

民國三十一年夏，「中美特種技術合作所」正式成立，由戴雨農任所長，梅樂斯任副所長，美國情報專門技術人員，也先後派來了一百一二十人。最初的合作，只限於有關日軍方面的動態，以及日方密電碼的偵收和研譯。其後，戰事逐步進展，工作一天天繁重，乃進而擴大與加強，美方自動提供有關「中美合作所」的武器，彈藥、氣象器材、交通運輸、醫藥衛生設備，和全部活動費，並於民國三十二年五月，雙方正式簽訂合同。

美國方面，由羅斯福總統特派《生活》雜誌發行人魯斯代表飛渝，主持這一合同的簽訂。中國方面，蔣先生特派宋子文代表，旋因他事不克出席，乃改由胡世澤代表主持。舉行簽字儀式的地點，為重慶瓷器口「軍統」繅絲廠辦事處大禮堂。參加人員，除正、副所長戴笠、梅樂斯外，尚有「中美合作所」美方的參謀長貝樂利、主任祕書史密斯，華方的參謀長李崇詩、主任祕書兼辦公廳主任潘其武，「軍統」方面鄭介民、毛人鳳，以及「軍統」各處長等，共計七十餘人，可謂極一時之盛。

三、雙方協議的合作方式

「中美合作所」合同上所協議的，任務方面：交換研究有關日本陸海空軍在中國沿海、大陸，和其他地區的動態與部署的情況，以及雙方認為有關的其他方面的情況等。人事方面：除首長及重要幕僚，華方任正的、美方任副的外，至於物資處理的經理人員由美方擔任，其餘人員悉由華方充任。此外，物資方面：有關所需的武器、器材、活動費等，則如上述概由美方借給。組織編制方面：「合作所」設正、副所長各一人，參謀長、主任祕書，中、美雙方各設一人，下設祕書、聯絡、文書、譯電、人事等組，其有關業務性質者，尚有軍事作戰組（指揮「軍統」所屬的別動軍、忠義救國軍，以及各地區的行動隊、爆破隊）、心理作戰組、情報組、行動組、氣象組、交通運輸組等。

「中美合作所」成立後，戴氏的緝私署署長雖被免職，而在工作上，轉因此而見重於盟邦，出國之議，自然無形打消。失之東隅，收之桑榆，就在這一瞬間，峰迴路轉，免起鶻落，連他自己也無法捉摸。

民國三十二年，為了配合盟軍對日反攻之計劃，遂先後在歙縣、南嶽、西安、陝壩、息烽、瑞安、臨泉、建甌、漳州、港口等地，設置了十餘處特種訓練班，大量調訓和招收「軍統」幹部，每班有二三十個美軍教官，講授新的特種技術，此時「軍統」的幹部已擴展到十萬人之多了。

四、擴充忠義救國軍力量

民國三十三年「中美合作所」繼續簽訂合同。中國方面，由戴笠以「中美合作所」所長和「軍統」局長名義代表主持，美國方面，則由聯邦調查局局長杜魯萬為代表，雙方在重慶陳家院子「中美合作所」內舉行。中、美合作，自民三十一至三十三年，前後已迄兩年，雙方的情感和成績都表現得相當好，因此美方除派杜魯萬主持簽約外，並先後令美駐華大使赫爾利、第七艦隊司令柯克上將到「中美合作所」訪問，其重視這一合作，當可想見。

上面所述的各訓練班訓練出來的幹部，除強化「軍統」的工作外，並擴充忠義救國軍的力量。而在經費方面，更得到梅樂斯的全力支持。同時，戴笠特邀同梅樂斯、杜月笙，和隨員等一行數十人，通過敵後地區，潛赴閩、浙沿海一帶，從事部署敵後登陸的策劃工作。戴、梅、杜等一行，由貴陽乘專機，經芷江、衡陽而至長汀，再由長汀循陸路而轉入南平、建甌、建陽、崇安，迂至江西鉛山、上饒、玉山而止於浙江之淳安。

忠義救國軍總指揮為李崇詩。李氏，廣東人，原為「中美合作所」中國方面的參謀長，為「軍統」重要幹部「三李」之一，一時叱吒東南，大有風起雲湧之勢。所謂「三李」，即李肖白、李人士與李崇詩是也。李肖白始終長特檢處（郵電檢查），李人士長第一處（情報），二人皆湘省醴陵人，大陸淪陷前夕，隨陳明仁起義，投共而去。

五、日本投降後結束合作

在此時期，「軍統」的指揮重心，已一部分由重慶移至東南，並設立東南辦事處於建甌，就近處理忠義救國軍和閩、浙、贛三省的人事、經費、指導事宜，由鄭修元任處長。鄭為江西德安人，從戴氏任文書上士起家，其能力、學養都還不錯，深得戴氏的信任，其時鄭正奉派赴東南各地區考察，因此，就便畀以東南半壁重寄。

戴、梅、杜等一行至浙江後，即就淳安做行署。其時「軍統」浙江站即設於此，地居東南濱海衝要，東通上海，西連江西，北接福建，自是成為忠義救國軍聯絡中心，站長一度為陳慶尚。陳即淳安人，軍校三期，曾任「軍統」江西站長，及浙、贛兩省總督察，初為策劃建立忠義救國軍最力之一人；大陸變色時，曾有忠義救國軍復活的呼籲；後在撤退中，失足墮巖，折斷一足，後遂被俘，為共黨殺害暴屍。

陳、鄭二人皆與筆者有一面之雅，鄭自戴笠死後，已由絢爛歸於平淡，現在臺灣從事文化事業，辦有《海風》雜誌，銷路還不壞。

民國三十四年，抗戰已將全面勝利，「中美合作所」又第三次簽約。此次簽約者，美國方面，由「中美合作社」美方參謀長貝樂利，中國方面，由主任祕書潘其武代表簽訂。合同內容，為根據第一次合約規定日本投降後，「中美合作所」即告結束，而將該所訓練的特警及「軍統」的部分幹部，由美方空運至南京、上海、北平、天津、漢口、廣州……各地，以為國軍接收的前進站。其後，上述各地接收工作，均有「軍統」人員參加；其中大發其接收財，至今仍逍遙於海外，度其豪華生活者，仍有其人。

六、建立現代海軍成虛話

抗戰勝利後，美國海軍部方面和盟軍統帥麥克阿瑟將軍，均有意為中國建立現代海軍，並特別支持戴笠出任海軍總司令；關於建立的計劃和人事的安排，都已內定了。這一計劃的建議，自然是出於梅樂斯氏的力量。當時美國方面，並預定將屬於東南亞地區服役的艦隻一部分，撥贈中國。

其時，最高當局因戴氏非海軍出身，將來在指揮、技術、運用各方面，不無困難，因此，擬起用海軍宿將陳紹寬任總司令，戴笠副之，一如當年賀耀組、林蔚的虛領「軍統」局長名義一樣。不幸戴笠於民三十五年三月十七日機墮身死，因之美駐華大使司徒雷登氏曾有「與戴笠簽訂的協約，應即無效」的聲明。

走筆至此，不妨順筆一提戴氏生前的一位對頭李士珍其人：李亦為蔣先生得意門生之一，歷任中央警官學校教育長多年，一手培植的警察幹部遍於全國。警校校長雖為蔣先生，其實際一切權力，則完全付託於李士珍。李氏原是自命不凡、懷有抱負的人，對於大批的警校學生，維護、結納、控制無微不至，每期學生畢業離校前，李必一一約去做個別談話，並贈以親自簽名的照片；離校後，分發各地工作，則利用警校畢業同學會來控制、聯絡。所有各省、市、縣警察局，除了督察處、偵緝處的人事，已由戴氏的「軍統」滲入外，其他各部門警官，則皆清一色的為李系幹部，對於「軍統」滲入警界，自然極表不滿，因此與陳立夫氏頗接近，蓋亦欲藉「中統」以對抗戴笠也。

當抗戰勝利前期，戴笠曾有一個全國建警計劃，呈報蔣先生，強調警察與「軍統」情報業務之重要與不可分，有意自兼警察總署，蔣已有此默許了。豈知李士珍也有一套建議，一面爭奪警察總署的寶座，一面自固吾圉的地來排斥「軍統」勢力的伸入。於是，戴、李二人遂成為冤家對頭了。李士珍以學術、操守比戴笠稍高，有時便常常在背後攻擊戴笠，說戴氏不學無術、面貌猙獰，乃一雞鳴狗盜之徒；戴氏則罵李為貌似君子、心術不端，為一位十足的陰謀家、小人。兩人幾至於勢不兩立了。

第二十二章

戴笠與李士珍的明爭暗鬥

由於內政部警察總署署長一職掌握有戰後全國警政、人事等一切大權，在戴笠方面，為了企圖要擴充「軍統」的勢力到每一角落，和安插「軍統」部分學識、能力較差人員，在戰後退職轉業問題，既已覬覦伸手於前，且必欲攫取到手而甘心。在李士珍方面，自認主持了十幾年的警察幹部教育，門生遍佈於全國每一大小警察機構，只要警察總署擴充改組計劃實現，署長一席，自然是順理成章地捨我其誰了！如果這個唾手可得的肉饅頭，一旦被戴奪去，豈非十年心血，盡付東流？不但要眼睜睜地望著人家來享受自己辛勤培植的果實，便是若干年來夢中幻想的未來政治前途遠景，也將成為畫餅，這一口冤氣，又那能嚥得下呢？

一、當面遞呈十大罪狀

戴、李二人既各懷鬼胎、各抱野心，於是積不想容的新仇舊怨，一起迸發起來。兩人互不退讓，各顯神通，先前只在蔣先生面前，伺機抵隙地互相攻訐，成為一種「冷戰」局面。可是，李士珍也頗有自知之明，論權力形勢，和蔣先生平日對待他們二人的親疏關係來衡量，自審萬萬不是戴雨農的對手。於是：一不做、二不休地想方設法，拉攏「中統」和軍令部（前方工作組），聯合三方面的力量，來蒐集資料，直向蔣先生檢控戴雨農違法亂紀的「十大罪狀」。「十大罪狀」中，如：緝私署署長任內虧空公帑二千萬餘萬元的巨款案，心懷叵測地擅自擴充忠義救國軍案，縱容各級幹部藐法干政、欺壓良善案，利用緝私職權及運輸工具便利販毒、走私案……甚至連戴雨農將某老牌明星藏之金屋、個人私生活行為，也一併列在所檢控的「十大罪狀」之內。至此，戴李二人已由「冷戰」而趨於「熱戰」了。

李士珍這一殺手鐧，確也有相當厲害，竟將戴雨農打擊得焦頭爛額，無法招架。原來，李士珍深知蔣先生左右的侍從人員，有些是戴雨農佈置的心腹，名為保護「領袖」，實則利用他們暗通聲氣，如果檢控的「十大罪狀」，照著通常呈遞的方法，可能一到侍從室便被抽擱下來；否則的話，也必然會將內容摘要，盡先祕密地通知戴雨農，使他早做準備，應付突如其來的赫然事故。因此，李士珍對於這次生死搏鬥的權力之爭，輕易不肯假手於人。於是，在某一次請謁晉見中，竟袖著這件檢控報告，當面遞呈。

二、情不自禁伏枕痛哭

蔣先生拆開來一看，不等閱完，果不禁赫然震怒起來，立刻叫侍從人員轉知要傳見戴笠。由於戴笠所主管的是機要情報，平日直進直出晉謁慣了的，他一接到通知，照例是逕到候謁室，等待當值侍從人員替他報到。哪知戴還沒有坐下，蔣先生已立即走出辦公室，滿臉嚴霜地赫然怒斥道：「雨農！你做得好事！我平日相信你，哪知你竟在外面胡作非為。你自己仔細去看吧！」遽將李士珍所檢控的「十大罪狀」擲於地下。

戴笠平日儘管隨時和蔣先生接近，但面對這樣突如其來的震怒，卻還是他生平的第一次。而且，蔣先生所斥責的也只是含糊其詞，究竟為著什麼事，一時真使他莫名其妙。待要拾取那份擲在地上的文件仔細看過再回話，可是咫尺威嚴，卻又不敢。儘管他平日是英雄氣概的人物，從來不會心軟鼻酸的，此時這件無頭公案，卻使他含冤負屈得禁不住眼淚奪眶而出，他一面噙著眼淚拾取那紙控狀，一面哽咽著回報說：「請領袖息怒！待我拿回去仔細讀過後，再來報告領袖。」說畢，敬了一個禮，委委屈屈地回到家中。

他展開控狀一條一條地細讀，除了擴充忠義救國軍一事是經過蔣先生准許的、販毒一節是架詞誣陷的、縱容幹部是鞭長莫及並非有心的，其他，或實或虛，都將使他剖辯為難。這一來，竟使他愧悔仇恨、酸甜苦辣，一起湧上心頭，終於情不自禁地臥在床上伏枕痛哭。

但是，徒哭是不能解決問題的。過了數日，他只有勉強起床，召集了幾個心腹幹部，祕密商研一番後，便將檢控的「十大罪狀」，一條條地逐項申覆上去。蔣先生看了以後，也就不為已甚地再追問，這一次的明爭暗鬥，也就告一段落。

鬥爭的結果，雖未「俱傷」，卻已「兩敗」，警察總署署長的寶座，他們二人都攫奪不著，卻輕輕易易地便落在唐縱的頭上。「鷸蚌相爭，漁翁得利。」富貴既逼人而來，唐縱也只有「卻之不恭，受之有愧」了。

三、抗戰勝利主持肅奸

自此之後，不但戴、李二人成了冤家，即「軍統」人員和警察幹部有時也不免情同水火，勢不兩立了。原來，戴笠經這一打擊後不久，抗戰即告勝利，他便官上加官地又兼任了肅奸委員會的主任委員，今天飛平、津處理接收工作，明天又飛京、滬逮捕漢奸人犯，創痛之際，心情始終是鬱積而鄭重的。同時在這前後，他正與某老牌明星打得火一般熱，幾有片刻不能離開此君之勢，否則，便無情無緒，終日不歡。他之飛南飛北，匆匆而來，匆匆而去，終於蒙冒大霧，勉強飛行，機墮身死，雖曰：「天道好還，嗜殺者理難善終。」但這只是世人對他身後的詈罵，實際上，這次打擊使得他在憂讒畏譏、一喜一懼之下，心境不寧，精神外散，要為其主因。至於其間如何熱戀、如何身死的經過詳情，下文再敘。

有人說，戴笠墮機身死，是中共暗中派人動了手足。甚至說，飛機中祕密裝置了定時炸彈，因而中途發生變故，以報當年王若飛、秦邦憲、葉挺、鄧發等一行二十餘人，由重慶飛返延安途中，在陝西黑茶山上空，人機俱毀的宿仇；這是不甚切合事實的。我們可以相信，中共必欲死戴笠而後才得安枕，事實上是有可能的；但戴笠對於自身的安全，設計之周、防護之密，也是無以復加的。從來以計術對人者，必以其計術自衛，如曹孟德用兵，一生慣斷人糧道，他的糧道卻從沒有被人斷絕過來，便是一例。何況戴笠對於自身的防衛，是分有形、無形，錯綜複雜，而非外人所能瞭解的。即以戴的「替身」而論，據說就有好幾個。

四、替身毛權可以亂真

這些「替身」，或是他的至親族戚，或是他的學生，而對他百分之百效忠的。挑選「替身」的標準，必須其人的面貌、身材和自己差不多相彷彿，一經化裝，便像模像樣，是一是二的，使人一眼望去無法辨識誰為真貨、誰為贗品。萬一發生意外時，也將如張良的博浪椎，誤中副車，卻將真的秦始皇輕輕放過了。

戴笠左右的「替身」，最合標準的是毛權。這人除對戴忠實無二外，別無他長；可是，他的面貌、身材、口音、儀態，幾乎和戴笠共一個胚型。據說，毛是江山人，而且是戴的表兄弟。這些「替身」自髮型、服裝，以至鞋襪的式樣、顏色，都是一模一樣。有時兩人同坐在車中，或並行在路上，真使人戴、毛莫辨，真假難分。

可是，天地間事，有利必有弊，「替身」可以混亂敵方的視線，但有時也可能造成友方的誤會，在毛權身上就發生這麼個小誤會的趣聞。

五、不打招呼引起誤會

當「中美合作所」成立不久，一天，毛權閒來無事，便跑到「中美合作所」的花園中散步，這時，「中美所」的副所長梅樂斯正迎面而來，遠遠地望見了，誤以為是戴笠，馬上「哈囉，哈囉」熱烈地打招呼。毛權這人，究竟是少見世面，更從未和外國人接觸過，對於梅樂斯這幾聲洋話，簡直不知是對自己「假包換」而發。同時，又因戴笠平日是不容許「替身」和外間接觸的，以免被外人識破，對於外國人自然更是要避之若浼了。這時毛權也不理梅樂斯如何招呼，照例是做尹邢避面地掉頭而去。這一來，弄得梅樂斯莫名其妙地尷尬萬狀，對於戴笠的傲慢無禮，極表不滿，有時竟公開在中國幕僚面前做此表示。可是，戴笠對於這事一直還蒙在鼓裡。

數日後，「中美合作社」的翻譯劉鎮芳遇見戴笠，問道：「那天局長在花園裡散步，碰見梅樂斯和你打招呼，你為何不理睬他，竟自掉頭而去呢？」戴笠答道：「絕無此事，怕不是梅樂斯錯認了人？」劉鎮芳道：「不會的，梅樂斯很肯定地說一點也不錯，而且他為這事頗不愉快，恐怕總有什麼隔閡，才會有這誤會，請局長查一查，以免影響中、美合作問題。……」結果，經戴笠仔細一查，才知道這毛病便出在「替身」毛權身上。終於，送了毛權一筆錢，叫他回鄉去另尋生計了。自此以後，戴笠每次和美國友人接觸的時候，再也不帶「替身」，因為怕他們身未替，倒先替他得罪人了。

第二十三章

中央黨部刺汪案的來蹤去跡

有人認為戴笠領導的「軍統」，只是蔣先生的政治保鑣：一面是保護蔣先生的安全，一面是鞏固蔣先生的權力。這一說法，除含有大部分政治作用的歪曲外，卻也有其部分的事實。儘管戴笠生前對他所領導的機構，安排佈置得如何嚴密，卻仍然還有人隨時隨地、伺機抵隙地暗中計算他們，使他們防不勝防，對上無法交代，對外受盡指責。如眾所知周知的當年汪精衛在中央黨部大會場遇刺的事件，便曾使戴笠對內、對外都搞到焦頭爛額，痛苦萬分。

一、蔣先生未參加拍照

汪精衛的被刺案，在當時外表上固然成為震動全國的新聞，在政治上卻引起了無數的餘波，使到蔣、汪之間的意見與裂痕，日趨擴大，終於無法彌縫。其關鍵之大，甚至可以說影響到抗戰中期以後的歷史。當「刺汪案」發生之初，不但外間一般人都懷疑是「軍統」幹的，尤其是汪的夫人陳璧君纏著蔣先生大哭大鬧，硬說是蔣的主使。蔣於百喙莫辯之下，直氣得臉色鐵青，半天說不出話來。後來，談這「刺汪案」的雖然不少，但也只是就當場的目擊情形加以敘述；最詳細的，莫過於周佛海的〈盛衰閱盡話滄桑〉一文。至於這案發生的原因及其政治背景與內幕，直到今天卻還很少有人道過，而外間所談的更是以訛傳訛而已。

汪精衛的被刺，事實上，不但不是蔣先生所主使，在事前也毫不知情，而更奇巧、更微妙的這一刺案的真正對象，不是汪而是蔣；不過，蔣先生福份高、運氣大，不當遭此意外危險。結果，汪精衛便成了李代桃僵的替死鬼而已。其真正內幕和經過是這樣的：

民國二十四年十一月一日，中國國民黨在南京丁家橋中央黨部舉行第四屆五中全會，照例在開幕式後，便要在大禮堂（即當時的大會場）前石階上全體攝影。這時，蔣先生適因公務甚多，亟待處理，同時也因政治上的人事摩擦糾紛，心中有著鬱悒煩惱，對於這種例行公式的攝影毫無興趣，便留在辦公室中未行參加。當時新聞記者很多，人群擁擠，秩序相當混亂，等到大家排列站定，攝影師提出預備口令似地說：「請各位準備，要照了。」這時就有人說：「蔣先生還沒有來啦！」接著吳鐵城大聲說：「蔣先生不來照。」於是，大家便不再等待了。

二、群疑滿腹限期破案

剛剛影攝好了，大家正轉身拾級而登臺階時，暴徒乘這混亂之際，掏出手槍，突向汪氏猛擊。一時事起倉卒，變生肘腋，人影攢動，槍聲大起。汪氏在這混亂中，身中三槍，血流滿面，一槍從右臂穿過，一中左邊耳門骨，另一槍則由臂部再射入背部，當場倒地。等到暴徒再要發第四槍時，張學良已突從背後將暴徒攔腰抱住。接著，張繼向前，一腳將暴徒踢倒。這時，在場的衛隊也趕著拔槍轟擊，暴徒當場身受重傷之後而被擒，隨即送往鼓樓醫院醫治。

這一場驚心動魄事件發生，不僅全國為之震驚，即中央大員們也莫不群疑滿腹的，懷著緊張、訝異的情緒，一面將汪氏送醫院，一面查緝兇手餘黨。這時，蔣先生聞訊，也立即趕來慰問，陳璧君眼見自己丈夫身受重傷，安危莫卜，又奇怪蔣先生何以獨不參加攝影，越覺這事可疑，遽向蔣先生哭鬧著道：「你何必如此，有話大家慢慢商量，為何下此毒手？……」蔣當場被這一番話質問得啞口無言，要解說一時也無從分辯。偏偏事有湊巧，照相時自己沒有在場，縱然如何解說，也終脫不了「事前知情」的一個干係。為了要追究這事真相，於是下了一個手令，限戴笠在十天內破案。

這一「刺案」當時未能追究得水落石出的原因，主要還是由於兇手孫鳳鳴被送入鼓樓醫院，不久即以傷重死去，以致無法按著正常的線索，追出主兇或任何政治背景來。因此，這「刺案」始終無法大白於天下，後經戴笠用盡種種方法進行祕密調查，同時，「中統」也盡力地分頭找尋線索，這案才算有了下落。

三、兇手冒充記者身分

這一「刺案」的內情，說起來還是離不開政治的恩恩怨怨。自從民國二十年胡漢民被蔣先生軟禁於湯山，不久，李濟深也受到同樣的待遇。於是，釀成了兩廣獨立，組織護黨救國軍；其公開或祕密參加的人物，包括極廣，有胡系的古應芬等，有汪系的「改組派」，有桂系的李濟深、李宗仁、白崇禧等，有十九路軍的陳銘樞、蔣光鼎、蔡廷鍇等多人。後來，由於國難當頭，寧、粵由分而復合。但在這次復合中，重獲權力高位的也還是少數的幾個。其未分得一杯羹的，如李濟深、陳銘樞之流，卻仍然滯留在香港，不肯合作；表面上是做著寓公，實際上在他們的寓所中，卻隨時蘊藏著政治上暴風雨般的陰謀，對蔣先生來一個斬草除根的毒手。

他們計議定妥以後，便由安徽籍的余××從中拉線，物色一位安徽幫的黑社會首領王亞樵負責進行，許了一筆為數極鉅的酬金；成交的開始，即先付了十萬銀元的開場費。於是，王亞樵、余立奎、胡大海等便組成了一個暗殺集團，分頭進行工作：首先，在南京成立一個「晨光通訊社」。這年（民國二十四年）十一月，正值國民黨召開五中全會，王亞樵便派定孫鳳鳴假冒為「晨光通訊社」的記者身分，透過中央軍校一位職員的關係，輾轉向大會祕書處領得記者入場證。因為那時已是農曆秋末冬初的天氣，在江南已是著大衣的時候了，孫鳳鳴身披大衣，將小型（三號）勃朗寧手槍藏在大衣口袋內，準備伺機對蔣先生一擊而中。

四、汪精衛做了替死鬼

據說，孫鳳鳴對於槍法是相當準確的。可是，蔣先生在攝影時偏偏未有參加，使到孫鳳鳴對這千載一時的機會中，臨時失去了目的物。因為，其他場合，記者雖也有機會參加，可是人群沒有這樣擁擠，秩序沒有這樣混亂，在禁衛森嚴中，下手就特別為難了。孫鳳鳴等得實在焦急了，但已承擔了這項任務，而且十萬元的身後安家費的支票，已持在他的妻子手中，準備得手的消息一到，便立刻向銀行提取了。孫氏為了這筆金錢，為了對這承擔有所交代，使他在萬分緊張迫切的心情中，不得已而思其次。他沒有政治派系的常識，更分不出敵友，心裡以為蔣是頭兒，汪也是頭兒。於是，汪精衛便在這樣曲折離奇的變化下，而代人受難了。這真合了「大水沖倒龍王廟，自家人不識自家人」的一句古語。

汪精衛身受三槍，而終於不死，原因還是由於孫鳳鳴不是真正的行家、慣家。因為，三號勃朗寧彈小不開花，殺傷力極弱，同時還有一個毛病，經常會夾子不能著火；如果孫使用的是左輪，由於左輪都是開花的達姆彈，汪氏就絕難倖免了。

「軍統」與「中統」在蔣先生嚴令迫催下，便出動全力以赴，以期破案。戴笠自己親自帶著替孫鳳鳴請領入場證的軍校職員，搭乘專車星夜趕赴上海，在靜安寺路滄州飯店，逮捕到「晨光通訊社」的編輯主任張裕華，又在四川路新亞酒店將孫的妻子提到，一併帶回南京，由戴親自審訊。同時「中統」方面，也在丹陽縣將該社的採訪主任賀波光緝到。過了不久，又將「晨光通訊社」的社長畢克之捕到了。

五、此中真相從未公開

在這一干人的供詞中，獲悉了這一案件的主謀所在是在香港，於是戴笠又派專人來到香港，將這一暗殺集團的重要人物余立奎、胡大海等人，先請港政府予以逮捕，再循外交手續將余、胡等引渡解回南京訊辦。在多次的嚴密審訊中，才知道本案的背景，仍不出於兩廣、福建的一批反蔣人物所幹的，而案情中更牽涉到與汪精衛具有深切關係的「改組派」重要人物在內。蔣先生為了洗刷自己的責任，特在全案未定讞以前，將全卷檢送給汪氏夫婦閱。這時，儘管陳璧君平日如何地不講理，再也無話可說了。

一年半後抗日戰爭爆發了，這時全國朝野為了精誠團結，一致抗戰，對於這案所牽涉的一些主謀人物，也就捐棄舊嫌，不再追究，重歸於好。因此這案的真相，始終沒有公開過，而成為謎一般的問題了。除了兇手孫鳳鳴死在醫院外，其餘如「晨光社」的社長畢克之、編輯主任張裕華、採訪主任賀波光，以及余立奎、胡大海等人，好像是判處了幾年徒刑（因事久已無法記憶了）。至於那個執行暗殺的主要角兒王亞樵卻已逃到廣西為其庇護之所，中央方面，一時也無法追捕。直到抗戰發生後，廣西歸命中央，雙方人員有了往還，戴笠才祕密派人到梧州，要向王算舊帳。可是，王亞樵身為安徽幫黑社會首領，也並非弱者，不但戒備嚴密，而且神通廣大，戴笠派去的人，簡直無法接近。

戴笠在無計可施下，終於使用「美男計」，先行勾搭上王亞樵的姨太太，兩人發生了不尋常的關係後，才找到機會將王亞樵狙殺斃命。據說，這位「美男」現在仍在海隅某地，只是已無復當年英俊風度了。

第二十四章
王新衡在港遇刺未死記

香港，這個東方之珠，雖然是在近百年前由滿清政府割讓，成為英國殖民政策下標準的殖民地，可是，這個地區，對於中國近六十年的政局，卻發生過不少次或大或小的影響。如辛亥三月二十九日黃花崗之役，其策劃地是香港。如上文所述刺蔣不成而刺汪案，其陰謀醞釀地也是香港。此外，如雲南起義、如高陶反正等等，亦莫不以香港為其聯絡策動中心。迨至大陸淪陷，國府南遷，若干政治要員、神祕人物、豪紳富賈、知識人士，以至於三教九流、雞鳴狗盜之輩，更以這個東方之珠，為其世外桃源，或為其冒險樂園。他們給香港帶來了不少的繁榮，也平添了不少的政治罪惡與祕聞，使得香港更錯綜複雜、曲折離奇而神祕化了。

一、從楊杰被刺殞命說起

如前陸軍大學校長楊杰，和軍統局前香港站站長王新衡，先後都在香港遭遇到被刺的厄運。前者竟以狙擊而死；後者卻已身中兩槍，還斬了兩刀，但未至死，也總算不幸中的大幸了。

楊杰，字耿光，畢業於日本陸軍大學，與蔣百里先生齊名，同被日本人稱之為中國兩個軍事家，兩人同樣數奇，都有「李廣難封」之歎。因此，楊氏平日每與朋友談話，總是對當道不滿，牢騷滿腹。大陸尚未淪陷以前，他便以軍事家一變而為降將軍，向中共靠攏了。到了民國三十八年（一九四九年）九月間，他由昆明假道香港，出席中共所謂的「政治協商會」，寓居於香港灣仔軒尼詩道三〇二號四樓，被人詐稱送信，賺開門來，突以手槍施行狙擊，當場便告斃命。據事後傳說：兇手乃廣州市警察局偵緝隊長陳家慶幹的。陳家慶曾擔任過宋子文的警衛隊隊長、警察分局長，和海南崖縣縣長。一九五〇年四月，共軍進攻海南島，陳家慶曾領二三千地方部隊，與共軍英勇相抗，迨至海南島全部陷落，乃由榆林港企圖搭船赴臺，終於為共軍所俘。其生死下落如何？至今已無法獲知了。

至於王新衡卻與香港有著深厚的歷史，早在抗戰時期，他便是「軍統」方面派駐香港站站長。與他同時，中共方面派在香港的情報主持人，卻是後來的上海市副市長潘漢年。王、潘二人在立場上說，原該是互相敵對的，但因那時正在統一戰線、一致抗日的號召下，兩人反而合作得相當融洽。

二、拾級登樓王新衡遭殃

到了民國三十九年，王雖然已是立法委員，但因他對香港有著深長的人地關係，卻還留在香港。那時，「保密局」方面的要員如鄭介民、陳大慶等也經常來到香港，指揮策劃對大陸的地下游擊等工作。他們之間，由於工作關係，自然經常有著聯繫與研商。有一天，他們正約好了在香港北角×華街××號三樓×××的寓所集會。這時，陳大慶首先來到，他一走到樓梯口時，即見一個穿著西服的彪形大漢，正在地下到二樓的梯間徘徊著，好像正在期待著什麼人似的。陳大慶人極機警，他立即敏感到這人的形跡可疑，馬上掉回頭三腳兩步跨出梯間。等到那彪形大漢追著注視時，他已走在街上。大概那個大漢對陳還不十分認識，因此，也就沒有追出來。陳於脫出險境後，立刻走到對面樓上，用電話通知×××說：「樓梯間有個行跡可疑的人，希特別注意，我們的約會再定吧！請即趕速通知鄭介民、王新衡諸人，千萬不要前來，以防意外。」

哪知王新衡在電話通知以前，他已乘著自己的小車子前來赴約了。他不知就裡，下得車來，便匆匆地拾級登樓，腳剛踏上兩三步，突然槍聲響起，王新衡已倒在血泊中。王的司機原是相隨多年的老人，驟聞槍聲，心知有異，急忙跳下車來察看時，只見那彪形大漢由梯間出來，正想逸去。那司機便奮不顧身地上前追捕，終於將那兇手捉住了。這時，左右街坊和路上行人，都圍著觀看。樓上有關的人也聽到槍聲，下得樓來，只見王新衡倒臥梯間血泊中，身上已中了兩槍，還砍了兩刀，幸喜都未曾中著要害，一面打「九九九」將王送入瑪麗醫院救治，一面由警察將兇手解送警局囚押起來。後來，經過法庭訊問，兇手除了自承名姓叫王洪寶外，其他什麼不肯招。於是，這一件轟動港九的政治暗殺案，就這樣不了了之。

三、與蔣經國同鄉又同學

當法庭宣判王洪寶時，王新衡已帶著創傷返抵臺北，他對這事表示不願追究。自然以他瞭解政治鬥爭的深切，當不難領悟到這個兇手是受到哪一政治背景的主使，即使要追究也無法弄個水落石出，何況香港是個國際政治鬥爭場合，更何況國民政府已與英國結束了邦交呢？這是臺灣方面派在香港所有的地下工作人員，所感到的先天不足的條件的。

王新衡早年與蔣經國同時留學蘇俄，俄文造詣很深，對於蘇維埃問題尤有深切研究，是中國有數的「蘇俄通」；不似那些自大狂的人，只是喝喝洋水，對於蘇俄問題一竅不通，卻又時時要表示不凡。他與蔣經國同屬寧波府人，年齡也不相上下，因此，兩人的情誼有如手足，相依為命地在冰天雪地的西北利亞，過著堅苦卓絕的苦工生活。

四、內方外圓有獨特見解

王新衡的私生活很嚴肅，他不吸煙，不喝酒，更不二色；不像蔣經國豪興起來，還可以喝上二三瓶「伏特加」。王無事時，便藉讀書、寫字來消遣，因此，他的字，雖不宗哪一家，卻頗具蒼勁氣概，國學造詣也還不錯。他對人對事，極其誠懇篤實，不似一般特工人員，為了要達到目的，便不擇手段，以怨報德，以仇酬恩。因此，他的人緣頗好。實際上，他是個內方外圓的人，遇事有他一套獨特見解。當宣鐵吾在上海警察局長任時，曾堅決主張，要肅清那些盤據多年根深柢固的黑社會勢力，他雖然同具此感，卻認為應該行之以漸，不可操之過急，要等待時機成熟，水到渠成，否則，矯枉過正，那一股力量不但不能運用，反而成為阻力，那就有背於政治改革的目的了。

他很早就擔任過侍從室第二組少將組長，也任過上海市政府的調查處處長兼「軍統」上海站站長。他經常是杜月笙的座上客，有人問他是否杜的門生，他一笑對之，既不承認，也不否認。他運用這一點關係，他的工作獲得了不少的助力。他平生有過一次最大的遺憾，那便是「西安事變」之前，蔣先生曾派他去祕密監察張學良，他被張學良那股豪爽熱情所感動，當張、楊醞釀著異動時，外間多少已有了一些風聲，蔣先生問他：「張漢卿這人究竟如何？」他認為張漢卿絕無二志。待「西安事變」難作，蔣先生險遭不測；事後雖未遭受若何的處分，但蔣先生卻認為他誤事不小，他也深自引以為遺憾的。

第二十五章

由戴笠談到軍統中的「三毛」

在「軍統」中，有所謂「三毛」一名詞，大家談起來，都覺得有一種不尋常之感。其實所謂「三毛」也者，即指毛人鳳、毛萬里與毛森而言。毛人鳳一直隨著戴笠幹著「軍統」內勤工作，由機要祕書，而祕書長，而副局長，在這大段時間中，都是幹著幕僚工作，即使做了副局長，也依然是替戴笠拾遺補闕地看看家而已，談不到有什麼展佈。後來，戴笠撞機身死，「軍統」隨著軍事委員會的改組，成為國防部的保密局，鄭介民於國共和談時期，奉調北平任「軍事調處執行部」的政府代表，他才順理成章地正式升任局長。他雖大權在握，人也精明幹練，但他沒有戴笠那般敢作敢為的大氣魄，也沒有毛森那般神祕得近於傳奇性人物；何況在後一段時間，大局日壞，好景已非，就是他所領導「軍統」這一系統的內部，也已呈現腐敗墮落、分崩離析的現象，即使是戴笠復生，也無法化腐朽為神奇了。

一、賭沙蟹的常勝將軍

綜合毛人鳳一生中，由於幕僚工作太久了，精細謹密有餘，大刀闊斧不足，因此，他無法做出平地一聲雷的轟轟烈烈事業來，他所處理的大事件中，比較能夠聳人聽聞的，還是逮捕華北區區長馬漢三一案，見金典戎先生寫的〈李宗仁競選中的冤魂—馬漢三〉，這裡且不再述了。附帶記他一樁「賭沙蟹（梭哈）」的趣事，以為讀者告，而在這些博弈小道中，亦可見到他的精細與不苟處。

毛人鳳平昔工作認真，律己甚嚴，終日埋首處理案牘，別無嗜好，閒來無事，唯一消遣辦法，便是打打沙蟹。但他個性很強毅，三五朋儕圍坐起來，是絲毫不肯放鬆的。他認為「賭沙蟹」目的是找刺激，並不是為了輸贏，因此，每次較量起來，他既不肯讓人，卻也一樣地不願意別人讓他。

當戴笠死後不久的一段時間，毛人鳳打沙蟹「十拿九穩」的本領，幾乎傳遍了一群接近他的朋友口中，成為一致公認的事實。在最初，毛氏本人也自以為賭沙蟹的本領，已確實到了縱橫取捨煞是了得的功候；後來，日子越過越久，毛氏沙蟹越賭越聞名，每次相博，斬獲必多。因此，他對於賭沙蟹的興趣越來越高，而想接近他的人，便越藉此機會來逢迎他。

他究竟是個機警敏銳不過的人，時間一久，他靜觀默察與他賭沙蟹者的各種表情，他開始懷疑了。他不但懷疑：對方的本領何以如此不濟？連「捉雞腳」的一套功夫都未曾學得？同時，更懷疑：自己每次判斷對方的牌，果能如此精確，料敵如神嗎？不見得，這多半是他們故意做作的。從此之後，他每遇上了這種場合，便聚精會神地希望能窺察出一個究竟。

二、毛萬里是湊數人物

有一次，毛氏正當晚餐之後，幾位經常接近的將領又來了。不消說，照例是圍坐圓枱上開始較量。全場共有六人，他也依舊和往常一樣地越打越起勁，博注也越下越大。有一牌，他手上的牌面只有一對「二仔」，此外是隻「K」和「A」，底牌是隻「三仔」，五張牌全出齊了，當毛氏最後下注時，其餘五人又全都丟牌了。這時，毛氏已絕不相信自己的牌是最好了，他不動聲色地，突然將各人身邊的底牌一一地翻開來，他發現五人中任何一副牌都可以贏他的，同時也發覺到他每戰必勝的祕密，他於是光火了。當場板起面孔將在坐座的人罵了個狗血噴頭，說他們這種故意示好的行為，是卑污無恥。從此以後，他發誓不賭沙蟹，同時，對於那些接近他逢迎他的小人，更特別地當心防範而疏遠了。他常常對部屬說：「信任了小人，便疏遠了君子，這是古今用人的法則。偶一不慎，便要敗國亡身，何況我們這種工作，其危險性更十百倍於普通用人呢！」因此，在大陸淪陷後，流亡到香港的許多「軍統」老人，有的留在此間賦予某些任務，有的是連入臺歸隊也不准許。從表面看來，似乎毛氏對待曾共生死患難的部屬太薄了，其實，毛氏這一做法，正是藉此淘汰一些小人和敗類呢！

其次，說到毛萬里只是因人成事，藉著乃兄毛人鳳的關係在「軍統」混上一份工作（他們二人乃堂兄弟），根本談不到有什麼作為。他之所以被列入「三毛」的原因，不過是因為湊數附驥罷了。最值得一書的還是毛森這個人，他不但是「神祕」人物，而且還是「傳奇」人物。

三、毛森與湯恩伯之間

毛森在「軍統」中，出身較晚，發跡也較遲，他的長處是「富於機智，雄於膽略」，可說是「軍統」中有數的後起之秀。他出身於浙江江山縣石門鄉的農家，和戴笠是小同鄉。早年畢業於江山縣立師範學校，在本縣也當過小學教師。這時，朱家驊創辦杭州警官學校，培養警政人才，他便考入警校正科一期。不久，朱家驊調任中央，警校由戴笠接任，於是他便成為戴的門生，同時也成為「軍統」的幹部了。

抗戰初期，他擔任「軍統」派駐上海地區的直屬組長，不慎被敵偽俘擄，囚禁於「七十六號」，迫他替敵偽工作；他為了應付環境，不能不允諾。不久，他便逃出上海，跑到重慶去，前後調任杭州、青島等站站長。抗戰勝利前，他以「中美情報合作所東南特區區長」，幫助戴笠策劃組織東南地區忠義救國軍游擊事務，經常出沒於浙西、閩北一帶。抗戰勝利，奉命由杭州隨第三方面軍司令湯恩伯馳赴上海接收受降。他的聲名鵲起，勢力日張，京滬線上無不知有毛森其人，實自民國三十五年在上海破獲榮德生大綁票案開始。這一綁案，是中國若干年來最大都市中的最大綁票案，勒贖票價達五十萬美元之鉅。當時，上海警備司令部宣鐵吾和上海警察總局長俞叔平雖出動全體人員意圖破案，而始終一籌莫展。這時，毛森以「京滬衛戍總司令部無錫指揮所參謀長」的地位，不動聲色地居然將這巨案破獲，從此一鳴驚人，嶄露頭角。不但蔣先生特別召見他，簡在帝心，同時也成為湯恩伯的心膂之寄。

此後，毛森與湯恩伯之間，如魚得水，倚畀殊殷。迨陳儀主浙，湯由京滬衛戍司令繼余漢謀調任衢州綏靖主任，毛森以綏署第二處處長、兼浙江警保處長，僕僕杭、衢道上，成為軍警界中第一紅人。自徐蚌戰敗，平、津不守，湯恩伯受命為京滬杭警備總司令，即派陳大慶繼宣鐵吾任京滬警備司令，毛森繼俞叔平為上海警察總局長，另成立上海市防衛司令部，派石覺主持，雖然形勢已非，無力挽回大局，但毛森在上海市警察局長任內，卻大刀闊斧地快幹、硬幹一番，不但使上海市民談「毛」色變，更使到中共潛伏上海的地下工作人員，風聲鶴唳，日夕驚疑。

四、對付共黨以殺制殺

他從民國三十八年三月七日進入上海四馬路（即福州路）警察總局局長室內，至同年五月二十五日從吳淞口撤退，短短的八十天中，據說中共地下人員被他殺了二千人以上。因此，中共每一提到毛森時，必以「劊子手」三字冠於他的姓名上，由此可知中共對他是如何地恨之刺骨了。

當他接任的那天，他對上海各界發表談話：「以殺制殺，殺人救人……對敵人 大，即是對自己殘酷。……」這幾句爆炸性的談話，確已預兆著他將對中共地下人員大開殺戒了。雖然從人道上言，未免太殘酷了些，但在這個混亂時期，從毛森的觀點來說，除了「以殺制殺」用重典外，他再也沒有更好的方法，來維持上海全市的治安了。執行緝捕中共地下人員任務的，是警局刑事處長鄭庭顯，原係戰時「軍統」派駐上海站站長，勝利後調第三方面軍情報組長、京滬杭警備總部第二處副處長、兼保密局上海國際站站長，是毛森的心腹人員。

當毛森接任局長之初，中共潛伏上海人員，曾用盡各種方法和他鬥法，故佈疑陣，接連在北站市區內造出了兩個「無頭公案」：常熟區一個裸體無頭屍首，連手指、足趾紋都被削去。同時發動輿論，要求毛森早日破案，其目的自然是藉此困擾毛森，使他疲於奔命，轉移對共方人員的注意力。但毛、鄭二人經過一研究後，並未陷入彀中。據事後證實，這幾個無頭屍體，就是共方人員於殯儀館弄來嫁禍的。

五、生活嚴肅，事業心重

共方人員見一計未成，又施一計：祕密策動潛伏各分局的地下人員，分頭寫寄匿名信，以「幫兇」、「戰犯」等罪名相恐嚇，警告他們勿再干涉某方活動，企圖施用天津淪陷前夕的故技，利用地下人員，先行控制警局，脅迫局長，下令各分局從中掣肘和抽腿，動搖軍心、民心。結果，天津警備司令陳長捷竟以此被俘。因此，對於毛森也想如法炮製。可是中共這一詭計，並未得到第二次成功，相反地，卻先後被毛森破獲了地下組織五十餘處，槍決的槍決，囚縶的囚縶。從此，共方人員及其同路人銷聲匿跡，再也不敢輕動了。

當共軍進攻上海郊區，大勢已去，中共利用警局專員陸大公，面勸毛森早日撤退。毛森口頭上且不做答覆，卻立即提出原扣留警局的中共待決人犯十名，就在警局予以槍決，把陸大公嚇得當場發抖，面無人色。原來陸大公是楊虎門人，由租界時代而汪偽政權，而國民黨政府，已是「三朝元老」了。

到了五月二十四日下午，共軍已突破徐家匯的交警陣地，直向上海市區試探前進，毛森猶從容不迫地佈置一切，即發表這位「三朝元老」陸大公代理上海市警察局長，並命陸轉告中共：「凡警局留下來的人員，全係舊人，與我向無歷史關係，也無聯屬，共方切不可株連無辜。至於隨我來的人，也已隨我而去，你（指陸）更不可公報私仇，否則的話，將隨時派人置你於死地。」陸只得諾諾連聲，答應照辦。毛處置完畢，始率領隨身衛士，乘著吉普車，從容駛向蘇州河以北地區撤退。

共軍於當晚九時，進入四馬路總局，並命陸大公與撤退至虹口分局的毛森通電話，要求接收滬東區一帶分局，毛森竟以輕鬆幽默的口吻開著玩笑說：「慢慢來，性急是不行的呀！」

毛森事業心極重，私生活極嚴肅，但他的夫人胡德珍女士，卻非元配夫人。原來，胡德珍也是「軍統」訓練班學生，抗戰時在浙西，和毛森一起奉命潛赴杭州工作，起先為了掩護行動，先做名義上的假夫妻，不料竟由假夫妻變成了真夫妻。他倆的結合就是如此這般成功的。

第二十六章
戴笠撞機身亡的一個插曲

戴雨農一生，有著無數的旖旎溫馨的故事。據說，他在生理上，具有一種強烈的「寡人之疾」；而在心理上，又有一種偏嗜新鮮的變態。基於上述的兩項需要，自然是善緣廣結、到處留情了。有位黃埔一期老大哥，因為和戴氏之間私交甚篤，無話不談，就曾當面笑謔過他，而且贈他一個綽號「石灰桶」！戴因不解所謂「石灰桶」三字的涵義為何，因轉問那位老大哥。老大哥笑著解釋道：「君不見『石灰桶』嗎？無論你將它置於何處，輕輕放也好，重重放也好，移動它起來，總會留下一個白色的印跡，這和你的到處留痕，豈非同出一撤嗎？」戴笠聽了，竟毫不為忤地哈哈大笑起來，表示出無言的默認。

一、「不是冤家不聚頭」

「自古英雄多好色」，這說明英雄人物之對於女色，尤愛好得特別強烈。戴笠是否為英雄，姑不必論，但戴笠是人，英雄也是人，既同樣是人，則戴笠之好色，自也未可厚非。不過，戴氏好色，好到較特別，有時好到不顧名份，成為一種變態式的狂且程度，至於對那些紅氈毹上、水銀燈下、舞衫歌扇的歡場女人，自更不在話下了。

戴笠一生的風流艷事，為人所周知而且值得詠歎的，當以和某老牌明星的一段纏綿情史為最。他與她倆之間，雖只有三年短短的溫馨綺夢，而其間的離合聚散則有如下述：

當抗戰初期，南京將告淪陷之際，戴笠便將他的慈母和元配夫人毛氏，從南京送回江山故鄉。軍統局也隨著戰局轉變而遷移武漢，他便將一位女祕書余××藏之金屋，祕密安頓於長沙；迨國府再遷至重慶後不久，便送她到外事訓練班受訓。這時，戴的元配，適在故鄉病逝，乃頗有意於余××；迨余卒業後，因她的外文成績特佳，又送她赴美國芝加哥大學深造，而將余的母親與弟妹，由長沙接往重慶瓷器口居住。此時，戴氏已打下主意，準備和余××結褵，只靜待余的學成歸來，便可完成此一心願。

哪知「不是冤家不聚頭」，到了太平洋戰爭爆發，不久，香港亦告淪陷，那位老牌明星憑著以往和官場中的關係，居然與她的夫婿離開了香港這個危地，輾轉到達了重慶。戴氏於無意中的一次宴會上，和她巧遇，不料冤家聚首，一見傾心，初則時相過從，終則祕密同居，設金屋於重慶神仙洞（後遷入楊家山新築的花園公館）。

得新忘舊，人之常情，戴氏自與該影星同居後，「除卻巫山不是雲」，已把和余××結婚的念頭，拋到九霄雲外去了。同時余××在異國聞知箇郎變心，便也將心一橫，另覓新歡，決志不再回國了。這時該影星的前任丈夫，亦落得竟遠走滇、緬邊區，大做其抗戰生意，獲得了不少的厚利。

二、七八通急電接連來

抗戰勝利後，戴笠與影星皆飛往上海，並準備正式舉行婚禮，正在密鑼緊鼓分頭進行中。哪知好景不常，情緣易盡：民國二十五年三月中旬，戴笠突奉命專機飛赴北平公幹，他倆在這短別中，似有預感，於起飛前夕，互相特別約定每天通信兩封（上午一封，晚上一封），電報三件（早晨、中午、晚上），互相竹報平安；如果有特別要事時，則以「十萬火急」、「限即刻到」的急電通報。

三月十五日，戴笠竟在這一天中接到該影星自上海拍到北平「十萬火急」的電報七八通，比當時約定的增加了一倍以上。這一電說是心神不寧，那一通又說是情緒紛繁，叮嚀至再地要他立回上海。戴笠對她本已刻刻繫念著放心不下，突然異乎尋常地，在一天之中，接到如許多電報，更是心亂如麻，恨不得如列子御風、費長房縮地，即刻飛回上海。本來戴笠在北平的公務，截至這天為止，尚未勾當完畢，而在事實與計劃上，就是北平公事粗了，也需要先飛重慶一行。但因返滬心切，因此決定改行程，於三月十六日乘專機飛抵青島，住了一宿，第二天即不去重慶，而繞道直飛上海，打算和影星見了面，再去重慶。

三月十七日上午九時四十五分，戴笠同「軍統局」人事處長龔仙舫以及隨員等七人，乘航空委員會「DO四七型二二二」號專機，由青島起飛赴上海。在起飛之前，機場地勤人員即報告上海方面天氣惡劣，不能降落，最好不去上海。但戴氏卻堅持非去上海不可，旋經地勤人員與機師再三勸告，乃臨時變通，改在南京降落，萬一南京天氣也惡劣的話，則再改飛重慶。為了長途飛行，於是滿載汽油八百加侖。專機起飛後，沿途倒還順利，迨至飛臨南京上空時，已是下午一時了。機中報務員和上海機場聯繫困難，而南京天氣，則層雲密佈，飛行員視線模糊，同樣不能降落，於是決定折回青島，並以無線電通知了北平方面。當飛機剛飛回頭不久，戴笠卻又改變計劃，著機師必須於當日在京、滬兩機場設法降落！於是機師只得由飛往青島的方向而折回來，同時機上還發出最後一電，通知北平機場，戴氏座機準備在南京穿雲下降。自發出這個電訊後，即與各方失去聯絡而下落不明了。

三、座機撞山，戴氏畢命

當日下午，蔣先生在重慶得到毛人鳳報告戴笠專機失蹤後，為之大驚失色，立即電令航空委員會查問戴笠專機下落。航委會的呈覆是：「到處用電訊聯絡，都沒有找到下落。」這時毛人鳳站在一旁，也驚得面如土色，蔣先生回過頭來，對毛人鳳說：

「我看可能是迫降到共區去了，你趕緊去找個高級得力的人，攜帶無線電臺、報務員、醫生，和救急用的藥品，乘專機到可能降落的共區去搜索，若發現了飛機而又不能降落時，就跳傘下去搶救！」

毛人鳳奉了命令，馬上趕回局本部，召集了高級人員二十餘人開緊急會議，傳達蔣先生的意旨，並徵求：「誰去？」但在座的人，彼此都面面相覷，無人敢應聲。最後，有一位姓沈的少將站起來說道：

「大家既都不去，那麼還是我去吧！」

當沈某拿著手令正要起飛之際，毛人鳳已接到「軍統」南京辦事處的長途電話，同時，蔣先生也得到航空委員會的確報：已由美空軍在江陰縣板橋鎮南，附近旳戴山山腰，發現飛機殘骸，證實是戴笠的座機撞毀其間，機身全燒毀了，只剩下一個機尾，依稀還認得出「二二二」號。

戴笠就這麼死去了，至於在上海的那位影星，聞此噩耗後的情景如何，恕不在本文記述之列，就此從略了。

第二十七章
南京靈谷寺前的一抔黃土

戴笠墮機殘骸，雖由美國空軍發現在江陰縣板橋鎮南，但機中十一人的遺體（除戴笠外，尚有隨員龔仙舫等七人，正、副駕駛員二人，無線電員一人），一個個都燒成黑焦炭了，當「軍統」駐在南京的高級人員趕到出事地點，收殮屍體時，已無人能辨認出來。大家正在無計可施，忽然戴一位相隨多年的副官賈金南正在屍堆中嚷道：「局長的遺體在這裡！……」眾人連忙圍攏來，問他：「如何辨識？」賈道：「局長生前左臼齒脫掉六顆，都鑲補著金牙，現在這具屍恰鑲有六顆，自然是他無疑了。同時，還有一個證明，他經常隨身必帶的那顆私章，也在這具屍體旁邊，因此，局長的遺體，是毫無疑義的了。」

一、神祕人物永別人間

原來，這時賈金南已爬進墮機中，將屍體逐個翻轉來辨認，因此發現出來。然而，戴的右手和右腿再也找不著，其餘的屍體，更無人能加以辨認，只好馬馬虎虎一個個用布裹著殮入棺中了。戴笠的裝殮，則一面已由上海趕辦到一副楠木棺材，另由殯儀館的技師照他生前的影片，製成一副假面具裝上去，並在南京靈谷寺前的志公殿擇定一片吉壤，將戴笠安葬下去；其餘的死者，則葬於南京城外東郊仙鶴鎮的「軍統」墳場。從此，這一代神祕人物，永別人間，賷著無數的功罪恩怨，長埋地下；也遺留著無限的是是非非，供世人評論。

戴笠的死訊，當時還是祕密的，直到死了五六天，才由上海《大公報》首先發表出來，一時中外震動，自中央軍統局本部，以至各省的區、站，都舉行追悼會，蔣先生還親臨主祭，也可算極盡人世的哀榮了。

輓戴的聯語極多，有的寓貶於褒，有的推崇備至，這當然離不開個人的恩怨種種關係；惜乎事隔多年，已不復一一記憶，只記得章士釗和胡宗南所輓的兩副聯語，茲錄如下。

章聯是：

功在國家，利在國家，平生讀聖賢書，此外不求成就；
謗滿天下，譽滿天下，亂世行春秋事，將來自有是非。

胡聯是：

祖帳舞雞鳴，浩浩黃流，問誰同擊渡江楫？
春風吹野草，滔滔天下，只君足懼亂臣心。

章聯的：「亂世行春秋事，將來自有是非。」雖然是就戴氏於蔣先生與國民黨主政立言，雖然盡是褒詞，卻也隱寓貶意，人言這位老政客頗擅史筆，自是不虛。至於胡聯，則可說明他們兩人的共同志趣與關係之深了。

戴氏僅有一獨生子，名藏宜。也許是戴氏對於自己所幹的這套工作，有時獨居深念，不免有著許多懍悟，因此，他不再讓兒子側身於政治鬥爭漩渦中，承襲著「政治保鑣」工作，就連政治邊緣，也不讓兒子沾惹半點。他將兒子取名「藏宜」，照字面的解釋——「退藏為宜」，自然是具有深心的。他只教兒子在江山故里辦了一所學校，及至戴氏死後，這間學校便易名為「雨農中學」，做他父親的紀念。然而，世事無常，河山變色，等到大陸易手，戴藏宜仍留在江山故鄉，到了中共實施「土改」與「三反五反」時，戴藏宜雖然退藏，仍不免「公審」槍決了

二、功罪是非自有定論

戴笠死後，「軍統局」每年所舉行的「四一大會」便呈准改為「三月十七日」舉行，藉誌永

念。蔣先生於傷痛之餘，不能不考慮繼任人選的問題了。某次，蔣特召見毛人鳳，問他：「誰來繼任更合宜？」毛人鳳推薦鄭介民代理，蔣先生同意了。毛人鳳便當面請求立刻明令發表，蔣先生不知其中用意，呆望了毛人鳳一下，終於照辦。同時，也升毛為副局長。原來，戴笠死後，覬覦軍統局長寶座者，已有李士珍等數人，毛人鳳自也是其中的一個。不過，毛氏頗有自知之明，他深知，論資望、地位，他都不夠和其他人相比，而李士珍等又都是有抱負的人。

如果局長一席，落在別人身上，這個寶座不但他將永遠得不到，甚至連副局長一席，也還不易保住。他深知鄭介民為人，對於功利方面比較恬淡，不肯輕易攬權；而且更深知鄭對這項任務的看法，除了浙江籍的人物外，他人是幹不好的。即使由鄭繼任，也必然是暫時性質，而且必然會如當年賀耀祖一樣，只是「虛領」而已。毛人鳳具此深心，所以極力推薦鄭介民。蔣先生也立刻悟到毛的用意，因此，在毛辭出時，蔣一再說：「實際事務，還是你多負點責好了。」

「軍統局」經過這樣桃僵李代後，不久，又隨著軍事委員會改組為國防部，也就改組為「保密局」，到了國共和談時期，鄭介民被命為「軍事調處執行部」政府代表時，局長一席便又落到毛人鳳身上。從此，「軍統」也就脫離了「十三太保」的領導了

當年聲威赫赫、如火如荼的復興社「十三太保」，已漸次零落太半，至今還健存的，除了曾擴情、康澤二人仍囚在大陸外，在臺灣的只有賀衷寒、鄧文儀、劉健群、蕭贊育、劉詠堯等五人，其他都已成歷史的古人了。這一政治組織之是否合理？戴笠諸人的功罪是非？只好讓史家們以春秋之筆，做歷史的定評。原因是，筆者以「局外人」來寫這神祕特殊的政治組織內幕，其不

夠深切與詳盡，自不待言。何況這種組織的工作特質，只有縱的關係，沒有横的聯繫，因此，即使是「局內人」，如果不是最高級的首腦人物，也絕對無法全部瞭解。更何況筆者所述的內容，只係根據一些局內朋友平日茶餘酒後的談論而寫的，其記憶的遺漏、傳聞的偽誤，自也在所難免。知我罪我，幸祈讀者諒恕！

Do人物03　PC0322

戴笠與十三太保

作　　者／局外人
主　　編／蔡登山
責任編輯／蔡曉雯
圖文排版／楊家齊
封面設計／秦禎翊

出版策劃／獨立作家
發 行 人／宋政坤
法律顧問／毛國樑　律師
製作發行／秀威資訊科技股份有限公司
地址：114 台北市內湖區瑞光路76巷65號1樓
電話：+886-2-2796-3638　傳真：+886-2-2796-1377
服務信箱：service@showwe.com.tw
展售門市／國家書店【松江門市】
地址：104 台北市中山區松江路209號1樓
電話：+886-2-2518-0207　傳真：+886-2-2518-0778
網路訂購／秀威網路書店：https://store.showwe.tw
國家網路書店：https://www.govbooks.com.tw

出版日期／2013年11月　BOD一版　定價／280元

獨立作家
Independent Author
寫自己的故事，唱自己的歌

戴笠與十三太保 / 局外人著. -- 初版. -- 臺北市 : 獨立作家, 2013.11
面 ; 公分. -- (Do人物系列 ; PC0322)
ISBN 978-986-89946-2-1(平裝)

1. 戴笠 2. 情報組織 3. 傳記

782.886 102018973

國家圖書館出版品預行編目

讀者回函卡

感謝您購買本書，為提升服務品質，請填妥以下資料，將讀者回函卡直接寄回或傳真本公司，收到您的寶貴意見後，我們會收藏記錄及檢討，謝謝！

如您需要了解本公司最新出版書目、購書優惠或企劃活動，歡迎您上網查詢或下載相關資料：http:// www.showwe.com.tw

您購買的書名：______________________________

出生日期：________年________月________日

學歷：□高中（含）以下　□大專　□研究所（含）以上

職業：□製造業　□金融業　□資訊業　□軍警　□傳播業　□自由業

□服務業　□公務員　□教職　□學生　□家管　□其它_____

購書地點：□網路書店　□實體書店　□書展　□郵購　□贈閱　□其他

您從何得知本書的消息？

□網路書店　□實體書店　□網路搜尋　□電子報　□書訊　□雜誌

□傳播媒體　□親友推薦　□網站推薦　□部落格　□其他__________

您對本書的評價：（請填代號　1.非常滿意　2.滿意　3.尚可　4.再改進）

封面設計____　版面編排____　內容____　文／譯筆____　價格____

讀完書後您覺得：

□很有收穫　□有收穫　□收穫不多　□沒收穫

對我們的建議：______________________________

____

____

____

請貼
郵票

11466
台北市內湖區瑞光路 76 巷 65 號 1 樓
獨立作家讀者服務部 收

（請沿線對折寄回，謝謝！）

姓　名：＿＿＿＿＿＿＿＿　年齡：＿＿＿＿　性別：□女　□男

郵遞區號：□□□□□

地　址：＿＿＿＿＿＿＿＿＿＿＿＿＿＿＿＿

聯絡電話：(日) ＿＿＿＿＿＿＿＿ (夜) ＿＿＿＿＿＿＿＿

E-mail：＿＿＿＿＿＿＿＿＿＿＿＿＿＿＿＿